# Tu belleza, cuestión de

# estilo

ELIGE LA MODA
QUE MEJOR
TE SIENTA
SIN GASTARTE
UNA FORTUNA

Autora: Paula Alonso Bahamonde

Coordinación editorial: Rosa Iglesias
Edición: Equipo Rojo de Fassi

Corrección: Sonia Clavería

Ilustración: Rubén Alcocer

Ilustración de cubierta: Ximena Maier

Diseño de cubierta: D.G. Gallego y Asociados, S.L.

Diseño y maquetación: PeiPe, S.L.

ISBN: 978-84-938725-2-6
Depósito Legal: M-17835-2011
Impresión: Gráficas Monterreina

# Tu belleza, cuestión de estilo

ELIGE LA MODA
QUE MEJOR
TE SIENTA
SIN GASTARTE
UNA FORTUNA

rojo de fassi

# Índice

# TU ESTILO
## FRENTE A UNA MODA CONTRADICTORIA

> La belleza es mucho más que una cara bonita y un cuerpo con medidas «perfectas». Para sacar el máximo partido a las partes y rasgos más hermosos de tu físico, tendrás que conocerte y quererte tal y como eres. La práctica de ejercicio físico y una alimentación sana y equilibrada te ayudarán a conseguir estar espléndida y a que te sientas satisfecha y muy orgullosa de ti misma.

LA imagen comunica. Mucho antes de hablar con una persona, antes de acercarte a ella, su imagen te transmite cierta información: su edad, sexo, la posible clase social a la que pertenece, e incluso también puede darte pistas sobre su profesión, su personalidad, sus opiniones y gustos, y acerca del estado de humor que tiene en ese preciso momento.

Tú misma tienes tu propio estilo, con el que no solo comunicas tu personalidad a través de lo que llevas puesto, sino que pones ese toque personal en todo lo que haces. La clave está en identificarte, si no lo has hecho aún, con el estilo que mejor hable de ti.

La moda te ofrece multitud de opciones que tendrás que adaptar a ese estilo personal que te hará inconfundible. La clave es no caer en el error de llevar puesto por imitación lo que ves en la televisión o luce tu ídolo. Es importante tener referencias, pero debes construir tu propio estilo con toques especiales que te hagan única.

# 1) LA IMAGEN DE LA MUJER Y EL HOMBRE DEL SIGLO XXI

*« La belleza reside en el corazón de quien la observa ».*

*Albert Eisntein*

El ideal de belleza del siglo XXI impone la búsqueda de la eterna ju-
ventud: el hombre tiene que ser joven, atlético, alto, de pómulos prominentes y mandíbula marcada, brazos y tronco musculosos, espalda ancha y piernas largas; y la mujer, esbelta, de altura superior a
la media, rostro atractivo, medidas 90-60-90, senos voluminosos,
vientre liso, piernas largas y, sobre todo, menor de treinta años.

La imagen influye mucho en la percepción que tenemos de nosotros mismos y de lo que nos rodea. Vivimos pendientes de nuestra apariencia y sometidos a los cánones de belleza actuales, que
hacen que nos encontremos insatisfechos con nuestro cuerpo y
que gastemos mucho dinero para alcanzarlos: gimnasios, dietas,
cirugía para remodelar la figura y el rostro, etc.

La industria de la imagen, poderosa y a veces tirana, también pre-
dispone a que muchas personas padezcan trastornos de la alimen-
tación, como la anorexia y la bulimia.

Para atajar este problema, las autoridades gubernamentales, algunas casas de moda, empresas de cosméticos
y otras entidades han intentado luchar, de forma individual o colectiva, contra un canon de belleza que aseguran
es demasiado estricto. Como resultado, se han suavizado las restricciones de peso y las medidas de las modelos en algunas campañas publicitarias y en varias pasarelas de moda con gran prestigio, aunque no han lo-
grado la unificación de las tallas de las prendas de vestir.

## 2) ¿CON QUÉ ESTILO TE IDENTIFICAS?

*«Viste vulgar y solo verán el vestido, viste elegante y verán a la mujer».*

Coco Chanel

Si te centras en la imagen y dejas a un lado los prejuicios, verás que cada persona tiene o «debería tener» un estilo personal similar, en mayor o menor medida, a un estilo identificado con la moda y con la sociedad.

El estilo expresa una manera de ser y de actuar, gustos concretos o más generales, circunstancias personales, posición social, tipo de trabajo, valores, afinidades, ideología, etc. Aunque existen muchos estilos, las personas se sienten más identificadas con unos que con otros, y su elección a veces varía en función de la ocasión o el deseo de adecuarse a un momento o evento concretos. Los estilos no siempre son puros o extremos: los hay neutros o los que se mezclan con otros, siempre y cuando sigan una línea similar. Por ejemplo, se habla del estilo *casual* con un toque *hippie*. Es importante que sepas que ese «toque» lo ponen normalmente los complementos.

Pon atención a las características de los estilos más comunes. ¿Con cuál te identificas?

### > Estilo clásico

Sus características se basan en el arte del período clásico griego, en el que primaban las proporciones corporales, la armonía de los colores naturales, así como las formas rectas o semi-entalladas.

Los tejidos empleados son de textura y colores neutros o con leves contrastes de color. Predomina en aquellos sectores profesionales que requieren un estilo conservador, como el mundo de la política y de la banca.

### > Estilo informal o *casual*

Es el típico de las personas activas y prácticas. Sus prendas son de líneas básicas y cómodas, generalmente holgadas, y de colores neutros. Suelen usar pocos complementos y emplean prendas con bolsillos y, a veces, capucha.

### > Estilo vanguardista

Es el estilo que adoptan las mujeres y los hombres urbanitas seguidores de la moda y de las últimas tendencias.

Su color principal es el negro, que se combina a veces con el blanco o con algún color vivo. Las líneas de sus prendas son entalladas y ajustadas. Su uso es común entre los profesionales de la moda, el diseño, el arte, etc. Se contrapone al estilo clásico.

### > Estilo minimalista

Es el estilo de aquellos que quieren pasar desapercibidos. Usan prendas de líneas limpias, sin volúmenes y de colores negros, grises y blancos. Apenas emplean complementos.

### > Estilo bohemio

Las personas que siguen este estilo buscan la libertad y la creatividad, y utilizan prendas de líneas sueltas y volúmenes discretos. Su vestimenta es monocromática o multicolor en función del entorno. Suelen identificarse con él los profesionales liberales.

### > Estilo retro o *vintage*

Les gusta a aquellos que siguen la moda de épocas anteriores. No se limita a las prendas y complementos de una única época, sino que generalmente combina lo mejor de varias etapas. Con este estilo se lucen piezas únicas, originales o antigüedades, prendas que llevaron nuestros antepasados y que, en ocasiones, poseen un gran valor sentimental.

> Estilo *oversize*

Algunas personas prefieren llevar ropa varias tallas más grandes de lo que corresponde a su figura. De esta manera, algunos intentan disimular algún kilo de más. Recuerda a la moda de la década de los ochenta, con prendas holgadas que buscan la comodidad y la libertad. Una tendencia extrema del *oversize* puede dar la sensación de un aspecto descuidado.

> Estilo *grunge*

El *grunge* es un género alternativo del *rock* que surge en los años noventa, gracias a los cantantes de Nirvana o Pearl Jam. Los seguidores de estos grupos imitaron el vestir de sus ídolos, y se creó este nuevo estilo asociado a la música *grunge* de sus precursores. Se caracteriza por jerséis muy largos y pantalones descosidos y deshilachados.

> Estilo felino o *lingerie*

Este estilo femenino surgió con la fiebre consumista de los dorados años ochenta. Recientemente ha sido recuperado por aquellas mujeres que quieren llamar la atención resaltando sus mejores atributos. Suelen emplearse prendas transparentes, pieles, oro, bordados, rasos, sedas y satenes con formas insinuantes y estampados de animales salvajes. No debe usarse en ambientes muy conservadores.

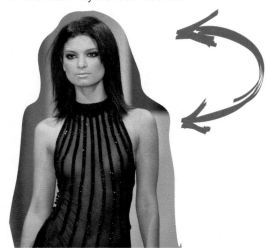

13

### > Estilo *hippie*

Nace a finales de los años sesenta. Mantiene las raíces del folclore popular y el gusto por lo artesanal. Sus seguidores utilizan faldas largas, blusas con bordados, estampados florales, pantalones campana, chalecos, etc. Es el estilo adoptado por los amantes de la naturaleza y las personas comprometidas con causas solidarias.

### > Estilo *punk*

Se manifiesta en la década de los setenta. Estéticamente es la antítesis del *hippie*. Se caracteriza por el uso de botas negras con tacón alto, prendas ajustadas de cuero negro con muchas cremalleras y cinturones, aros o pendientes en cualquier lugar del cuerpo (*piercing*) y tatuajes. Sus seguidores reflejan con él su espíritu de rebeldía e inconformismo con la sociedad.

### > Estilo gótico

Es un estilo musical y estético que mezcla lo medieval y lo vampírico. Quienes se identifican con él se visten con prendas de terciopelo, vestidos largos estilo victoriano, corsés con faldas largas, capas, gabardinas de cuero, etc. Se decantan por el color negro como base de su indumentaria y lo combinan con otros como el blanco, el vino tinto, el púrpura oscuro y el rojo.

> **Estilo** *sport*

Se crea con prendas fabricadas por casas deportivas. Aunque parece que únicamente se puede lucir para entrenar o practicar algún deporte, sus seguidores no se despojan de él para ir al trabajo, cenar con amigos, o en cualquier otra situación normal de la vida cotidiana. Una persona *sport chic* es capaz de combinar lo deportivo con lo urbano. Es un estilo poco elegante.

> **Estilo** *glam*

Está definido por la abundancia y el exceso de estampados y colores. Quien lo lleva no pasa desapercibido.

> **Otros estilos**

Existen muchos otros estilos como el safari, roquero, militar, folclórico, callejero o *street, underground, pin up, skater*, etc.

# 3) ESTILO, ELEGANCIA Y MODA. ¿RENOVARSE O MORIR?

*«El estilo trata sobre la sensibilidad personal,*
*sobre entender y vestirse para tu propio estilo de vida».*

Óscar de la Renta

El estilo como sinónimo de elegancia y buen gusto a veces es un don innato, como el caso de Audrey Hepburn y Clark Gable, que fueron capaces de transmitir elegancia con total naturalidad. Pero la mayoría de las personas no irradiamos desde niños esa elegancia natural, aunque podemos adquirirla. Puedes cultivarla con tenacidad si observas y estudias cómo eres y cómo es el mundo que te rodea.

La moda está a tu alcance, puedes utilizarla como quieras, no como te la impongan las tiendas o los medios de comunicación. Si te lo propones, podrás elegir aquello que te ayude a forjar tu propio estilo, sin renunciar a tu identidad y tu personalidad.

Todos nos hemos vestido, en algún momento de nuestras vidas, como nuestra cantante, amiga o actriz preferida. La música y el cine han sido, especialmente a lo largo del siglo XX, los que han marcado las tendencias y las modas. Pero estas son cambiantes y dinámicas. Prendas y complementos que son el último grito durante un tiempo, pasan a la historia con la llegada de la nueva temporada.

Para encontrar tu estilo personal y natural tendrás que analizar las diferentes propuestas que te ofrece la moda. Elige la que más se aproxime a tu personalidad, edad y físico, y la más adecuada para lucir en tu vida personal y sociolaboral. La moda debe adaptarse a ti y a tus circunstancias. Si te sientes cómoda con lo que llevas, demostrarás seguridad y confianza en ti misma.

# 4) ¿CÓMO CREAR TU ESTILO PERSONAL?

*« La moda es moda y el estilo permanece ».*

Coco Chanel

Olvídate de seguir la moda a rajatabla para encontrar tu propio estilo. Si lo haces no solo gastarás tu dinero sin hacer ningún tipo de inversión en lo que compras, sino que además no proyectarás tu personalidad real y, lo que es peor aún, no te verás favorecida. Las prendas y los complementos tienen que favorecerte y adaptarse a tu estilo de vida.

Quizás te identifiques más con un estilo que con otro, o quizás el tuyo tenga que ver un poco con varios. La edad, el humor de cada día o para qué ocasión te vas a vestir pueden determinar que optes por un estilo u otro. Lo importante es que, elijas el que elijas, sea compatible con tu personalidad. Esto lo averiguarás enseguida: si te hace sentir cómoda, segura y, sobre todo, ser tú misma, ¡habrás acertado!

Aunque parece sencillo no siempre es fácil encontrar el estilo de cada uno. Si quieres adoptar un estilo personal bien definido y marcado, no caigas en el error de adquirir prendas y complementos de diferentes estilos sin ningún criterio.

Existen muchos estilos, atractivas tendencias y modas que fácilmente puedes alcanzar. Los hombres y las mujeres del siglo XXI tenemos la suerte de poder disfrutar de la moda a nuestro antojo y de escoger nuestro propio estilo con total libertad. Esta es una decisión que debes tomar sin perder tu identidad y sabiendo cómo adaptarte a las circunstancias que requieren una vestimenta determinada.

Con el paso de los años la personalidad madura y, después de haber aprendido de los errores cometidos casi de manera natural, vamos definiendo nuestro estilo.

Tienes muchas opciones para elegir en cuanto a moda y estilo personal. Además, tienes a tu alcance revistas y libros prácticos que te servirán para informarte e inspirarte. Tu estilo aparecerá de manera natural. Será la seña de identidad que te identifique cuando te comuniques, no solo a través de la ropa que elijas, sino también con tus gestos, movimientos, expresiones y, en general, todas las formas y maneras con las que revelas tu personalidad.

Aplica tu sentido común, aprende de la evolución natural que experimentas en las distintas etapas de tu vida y adáptate a cada momento sin perder tu condición ni el saber estar.

[ **mujeres con estilo intemporal** ] Mujeres de fama internacional han destacado por su peculiar estilo; entre otras, Jacqueline Kennedy, Marilyn Monroe o Grace Kelly. Hubo en ellas algo que iba más allá de la imagen corporal, era su estilo personal, reflejado en su manera de hablar, de moverse, de gesticular, en su elegancia en el vestir, y sobre todo, en su personalidad. Ellas han dejado un gran legado, que cada año renuevan los estilistas y creativos del universo de la moda.

# Recuerda

**1.** La belleza es mucho más que la cara bonita y el cuerpo con medidas «perfectas» que nos impone el canon de belleza actual.

**2.** Los estilos expresan una manera de ser y de actuar, gustos concretos o más generales, circunstancias personales, posiciones sociales, tipos de trabajo, valores, afinidades, ideologías, etc. Busca el tuyo en función de tus necesidades.

**3.** La moda está a tu alcance. Debes tomar de ella lo que te ayude a encontrar tu propio estilo, sin perder tu identidad ni tu personalidad.

**4.** Elige las prendas y los complementos que más te favorezcan y mejor se adapten a tu estilo de vida personal y sociolaboral.

**5.** Tu estilo surgirá de manera natural. Aprende de tu evolución en la vida y adáptate a cada momento sin perder tu condición ni el saber estar.

# CÓMO VESTIR
# TU CUERPO

> Si conoces bien tu aspecto físico acertarás cuando vayas de compras.
Primero tendrás que observar cómo es tu cuerpo, tu fisonomía.
Después, aprender a elegir las prendas y los complementos de manera
adecuada, fijándote en sus formas, texturas y colores, para que
te ayuden a resaltar tus virtudes y a mitigar aquellas partes de tu cuerpo
que menos te gusten. El efecto óptico que lograrás será un éxito.

¿QUIÉN os ha hecho creer que todas tenemos que ser supermodelos? El estricto canon de belleza y, en muchas ocasiones, la carencia de amor propio y seguridad, hacen que no apreciemos lo hermosas y estupendas que somos.

Ponte frente a un espejo, mírate con cariño y aprende a aceptarte tal y como eres. Hay cosas que no puedes cambiar: la forma o la silueta del cuerpo nos viene dada desde que nacemos y, aunque adelgacemos o engordemos, siempre se mantiene. Pero hay ciertas características físicas que sí se pueden mejorar si bajas de peso, en caso necesario, con una dieta sana y equilibrada, haciendo ejercicio físico y practicando deporte, o con algún tratamiento estético.

# 1) FORMAS DEL CUERPO Y SILUETAS

*«El cuerpo ideal se logra cuando hay una armonía entre lo interior y lo exterior, cuando lo que llevamos puesto es una extensión de nuestra personalidad».*

Custo Dalmau

Para ser tu propia estilista debes definir tus características físicas y las peculiaridades que presente la forma de tu silueta. La siguiente clasificación te servirá para encontrar el prototipo de figura que más se asemeja a la tuya y para elegir la indumentaria y los complementos que mejor te sientan y disimulan las partes de tu cuerpo que menos te gustan. También tendrás que detectar los desajustes estéticos entre tu físico y tu indumentaria, o la falta de armonía entre las distintas prendas y los complementos de tu vestuario.

¿Con qué tipo de **constitución física** te identificas?

> Ectomorfa o leptosomática: cuerpo de líneas rectas y alargadas, con extremidades y cuello largos, sin curvas ni formas redondas. Tiene muy poca grasa corporal y un débil desarrollo muscular. Por ejemplo, el cuerpo de una modelo de pasarela.

> Mesomorfa o atlética: cuerpo constituido por una musculatura fuerte, equilibrada y proporcionada en los hombros y las caderas. El prototipo corresponde al cuerpo de una deportista.

> Endomorfa o pícnica: cuerpo de líneas curvas, con redondeces, un alto porcentaje de grasa corporal, brazos y piernas cortos en relación al tronco, estatura media, cuello corto y ancho, cabeza y abdomen voluminoso, tejido adiposo abundante especialmente en el vientre y, en general, musculatura débil.

Es muy difícil encontrar a una persona con alguna de estas tres tipologías de forma «pura». No hay constituciones ni siluetas perfectamente definidas ya que, en la mayoría de los casos, somos el resultado de una mezcla de todas.

Toma nota ahora de cómo se clasifica la silueta femenina de acuerdo a sus proporciones corporales:

> **Triángulo.** Cuerpo atlético con líneas angulosas: hombros más anchos que las caderas, cintura poco definida, cadera poco marcada, poco pecho y glúteo plano. Es la típica silueta andrógina.

Las personas con esta silueta suelen llevar prendas de mayor talla para cubrir la parte superior del cuerpo, y de una talla más pequeña para la parte inferior. Si es tu caso, necesitas equilibrar tu silueta con prendas que suavicen las líneas superiores y acentúen las inferiores. Te sentaría bien una camiseta oscura, de un tejido fino y de manga ranglan, combinada con una falda de tejido más grueso y con dibujos horizontales.

> **Rectángulo.** Cuerpo atlético con líneas rectas y angulosas. Si lo miras de frente, los hombros y las caderas tienen la misma anchura y el contorno de la cadera es un poco más ancho que la medida de la cintura. Es una silueta que carece de formas redondas, tiene poco pecho, el glúteo plano y la cintura sin definir.

Puedes corregir esta silueta si buscas la forma de reloj de arena, es decir, tu objetivo es marcar una cintura inexistente con un vestido estructurado tipo safari o con un cinturón oscuro, estrecho y mate, por ejemplo.

> Reloj de arena. Es la silueta femenina ideal: bien proporcionada, con líneas sinuosas y curvilíneas, hombros y caderas compensadas y una cintura bien definida.

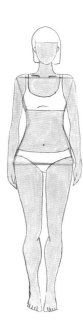

> Pera. Los hombros son más estrechos que las caderas. El volumen se centra en la parte inferior, pues las caderas son anchas y los muslos redondeados.

En el caso de que el ancho de tus caderas sea similar al de tus hombros, utiliza faldas o pantalones con costuras en vertical a la altura de la cadera. Si tus caderas son mucho más anchas que los hombros, busca prendas ligeramente entalladas como trajes enteros de dos colores, con el color más vivo en el centro para atraer la mirada a esta zona; una falda *evasé*; o una camisa con mangas fruncidas, tipo farol, o con hombreras que levanten tus hombros.

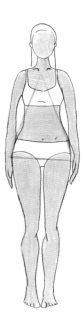

> Manzana. Silueta que tiene los hombros, las caderas y la cintura redondeadas. Define un cuerpo de contornos suaves y líneas curvas, que suele ir acompañado de bastante pecho, cintura ancha y un tronco redondo. Las piernas y los brazos pueden ser delgados.

Para suavizar esta silueta ovalada, ponte una chaqueta *blazer* con forma en la cintura y hombros estructurados, pinzas y costuras verticales que alarguen el talle y suavicen los volúmenes, o un chaleco que te ayude a disimular la redondez de la parte central de tu cuerpo y a marcar una cintura poco definida.

[ ¿dónde mirar? ]

Los captadores de atención
son los colores, adornos, accesorios
y/o prendas que se utilizan para atraer
las miradas hacia aquella parte
del cuerpo que queremos destacar.
Son muy útiles los collares, los pañuelos,
los bolsos o, incluso, los chalecos.
Si tu silueta es tipo manzana, muy ovalada,
combina tu vestuario con un chaleco
como captador de atención;
es una prenda estructurada
que contrarresta los volúmenes
y acentúa las cinturas poco definidas.

# 2 CONOCE TU CUERPO Y SÁCALE PARTIDO

Seguramente en alguna ocasión te habrás puesto delante de un espejo y no te habrás encontrado todo lo bien que esperabas. Quizás te hayas visto baja, demasiado alta, con algunos kilos de más, con las caderas anchas, demasiado recta, con mucho pecho o como una tabla, con los brazos cortos y el cuello poco esbelto. Si es así, no te preocupes, esto nos ha sucedido alguna vez a muchas de nosotras.

A menudo, somos muy duras con nosotras mismas. Alguien dijo una vez que somos alrededor de tres mil millones de mujeres en el mundo y solo unas pocas son supermodelos. Así que debemos asumir que no pertenecemos a esa minoría, pero no por ello dejamos de ser bellas.

Es importante mantener la autoestima bien alta y cultivar el sentido común. De esta manera, aprenderás a vivir en armonía con tu cuerpo y serás libre, pues no estarás atada a las exigencias respecto al físico. Para conseguirlo, te ayudaré a aprender cómo favorece la indumentaria, incluidos los complementos. Serás una experta en sacar el máximo partido a tus prendas de vestir para lucir con naturalidad tus mejores atributos.

## 2.1. AUTOMEDICIONES CORPORALES

Tu peor enemigo es no conocerte. Si sabes cómo es tu cuerpo, eres consciente de sus proporciones, y utilizas las prendas y los complementos adecuados, te vestirás con aquello que potencie tus mejores cualidades y disimule lo negativo de tu figura. Lo primero que debes hacer es quererte a ti misma; para conseguir una buena imagen tienes que conocerte y aceptarte tal y como eres.

Las mujeres tendemos a obsesionarnos con los rasgos menos bonitos de nuestro físico cuando en realidad son los que se pueden mejorar fácilmente. No se trata de cambiar tu cuerpo, la constitución es genética, pero sí de sacar el máximo partido a tu aspecto con la indumentaria, una dieta sana, ejercicio físico y, sobre todo, con el mejor secreto de belleza, una actitud muy positiva.

Conócete un poquito más antes de decidir qué es lo que más te favorece. Para medir tus proporciones de manera sencilla necesitas un espejo de cuerpo entero, un par de metros para medirte y un rotulador. Sin miedo, sitúate delante del espejo y sonríe: esa eres tú y eres maravillosa. Después, sigue los siguientes pasos:

> El talle

Divide imaginariamente tu cuerpo en dos partes, siendo el centro la cadera, y observa si el talle superior y el inferior están proporcionados. La distancia entre la cabeza y la cadera (talle superior) debe ser la misma que la de la cadera a los pies (talle inferior).

> Los hombros y las caderas

Utiliza los metros de medir y colócalos en paralelo justo en los puntos donde se unen los hombros con los brazos. Déjalos caer hasta la cadera y observa la inclinación que adopta el metro.

Si los metros están más o menos paralelos y hay un poco más de anchura entre ellos en la parte de los hombros, la proporción hombros-caderas es ideal. Si la distancia entre ellos se estrecha hay una desproporción: puede que tus caderas sean más anchas que tus hombros, o viceversa, los hombros más anchos que las caderas.

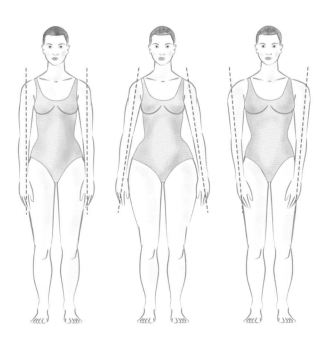

### > El tronco y las piernas: grosor de piernas y tobillos

De espaldas y pegada al espejo, coloca el metro sobre la cabeza y marca tu altura con el rotulador. A continuación, frente al espejo, estira los brazos y coloca el metro delante de tu cuerpo; levanta una pierna flexionando la rodilla y, con la ayuda del metro, marca en el espejo ese punto, que es el largo de tu pierna. Por último, señala el punto donde se apoyan tus pies. Aprovecha esta postura para observar la forma y el grosor de tus piernas y tobillos.

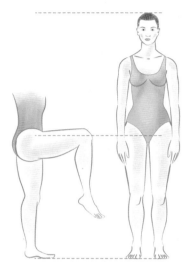

La distancia que hay entre el punto de la altura y el del tronco (el que has trazado al elevar la pierna) debe ser la mitad de la estatura total. Si es mayor, tus piernas son más cortas que el tronco y, si es menor, son más largas que este.

### > Los brazos

El cuerpo está proporcionado cuando, al estar en posición recta delante del espejo y con los brazos extendidos hacia abajo en línea recta, la altura de los codos coincide con la de la cintura.

Si los codos quedan por encima de la cintura (2-3 cm), tus brazos son cortos; si quedan por debajo (o a la misma distancia), largos.

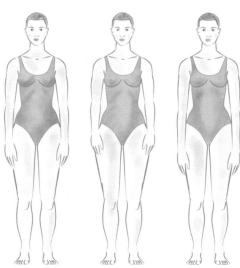

> La cintura

Con la espalda pegada al espejo y las manos en la cintura, marca el punto de unión cadera-pierna, la axila y la cintura.

La distancia entre los tres puntos ha de ser la misma, es decir, tu cintura es proporcionada si se encuentra a la misma distancia de la cadera que de la axila.

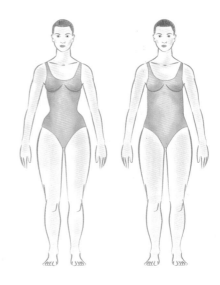

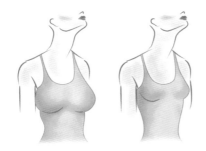

> El pecho

Observa la relación entre tu pecho y tu cintura para saber si está o no demasiado flácido. Si la distancia entre los dos es pequeña y la que existe entre el nacimiento del pecho y el cuello es demasiado grande, tu pecho estará caído.

Respecto a su volumen, con una simple observación puedes saber si son grandes, pequeños o de tamaño medio.

> El abdomen

Sitúate de perfil frente al espejo y toma como referencia tu pecho para observar cómo es tu abdomen.

Es prominente si está en la misma línea que el pecho. Si este sobresale con respecto al abdomen, tu vientre es plano. Lógicamente, siempre hay valores intermedios.

> El cuello

Observa cómo es tu cuello en relación al resto de las partes del cuerpo.

Si forma una línea recta con los hombros, tienes el cuello recto. Si ves que existe poca distancia con respecto a los hombros, tu cuello es corto. Si la distancia entre la barbilla y los hombros es apreciable, tienes un cuello proporcionado. Obviamente, si la distancia es exagerada, será largo.

> Los glúteos

Frente al espejo, observa tus glúteos de perfil y de espaldas. Lo ideal es que sean redondos y un poco respingones.

[ ¿más músculos? ] La vigorexia o el complejo de Adonis es un trastorno que aunque no es estrictamente alimentario como la anorexia comparte con ella la preocupación excesiva por la figura y la distorsión del propio esquema corporal. El ejercicio físico se convierte en una obsesión para alcanzar un desarrollo muscular que nunca es suficiente: siempre te ves débil y enclenque. A esta exigencia de una musculatura por encima de lo normal, se suman otros trastornos físicos y psicológicos que pueden llegar a ser mortales. Aunque esta enfermedad afecta en especial a los hombres, también la padecen algunas mujeres.

# Recuerda

1. Tienes que asumir que no eres una supermodelo, pero no por eso dejas de ser una mujer bella y hermosa.

2. Lo esencial es mantener la autoestima bien alta y cultivar el sentido común. Aprende a vivir en armonía con tu cuerpo.

3. Si conoces bien tu cuerpo y eres consciente de tus proporciones reales, puedes utilizar prendas y complementos que potencien tus rasgos más atractivos y disimulen los menos agraciados. No solo te sentirás bien contigo misma, sino que todos te verán estupenda.

4. Para ser tu propia estilista debes definir tus características físicas y las peculiaridades que presente la forma de tu silueta.

5. No olvides usar captadores de atención para atraer las miradas hacia aquella parte del cuerpo que quieras destacar.

6. Y no olvides que, para conseguir una buena imagen, tienes que conocerte y aceptarte tal y como eres.

# LLAMEMOS A LAS PRENDAS POR SU NOMBRE

> ¿Cuántas veces has dicho «no tengo nada que ponerme» cuando en verdad tienes el armario lleno de ropa? Lo que ocurre en esas ocasiones es que no tienes claro qué te sienta bien o cómo puedes sacar partido a todas esas prendas. Si conoces el lenguaje de la indumentaria, sabrás elegir el vestuario más adecuado a tus proporciones corporales para mostrar los encantos de tu fisonomía. Con pequeños trucos te verás mucho mejor.

Un guardarropa adecuado requiere tiempo y reflexión para conocer el nombre y las características de todas las prendas y, sobre todo, para saber cuáles te servirán para verte estupenda.

¿Qué te sienta mejor? ¿El cuello caja o el cuello barco?
¿Una falta globo o una recta? ¿Un pantalón con corte recto
o con vuelta en el bajo? ¿Un vestido camisero o de corte imperio?
Para salir de dudas, tendrás que averiguar qué trucos ofrecen
los diferentes estilos en las prendas de vestir, pues el corte
y algunos detalles, como las pinzas, las costuras,
la forma de las solapas, etc., determinan si una prenda estiliza o,
por el contrario, aporta volumen.

# 1) CUELLOS Y ESCOTES

> «Yo amo la feminidad sin estridencias,
> con un estilo elegante que se fija en los detalles importantes».
>
> Carolina Herrera

El aspecto que tengan los cuellos de las prendas determina dónde colocar los escotes (hacia la espalda, hacia los hombros o hacia delante) y qué formas pueden tener (simétricos o asimétricos, más o menos extendidos hacia los hombros y más o menos profundos o prolongados hacia el pecho).

Desde el punto de vista estilístico, todos los escotes pueden ser:

> Profundos y horizontales: favorecen unos hombros estrechos o caídos, ya que crean un efecto óptico de mayor amplitud en la zona de los hombros.

> Poco profundos y verticales (más en pico): reducen ópticamente el volumen de los hombros, si estos son anchos.

> En línea horizontal aportan amplitud; en vertical, altura y esbeltez.

Si tienes los hombros muy anchos, un truco fantástico para disimularlos es elegir prendas con escotes en la parte de la espalda.

[ cuello cisne ] El cuello alto o cuello cisne solo favorece a personas con cuello largo, mandíbula bien definida y hombros rectos. Si tienes mucho pecho, poca estatura, el cuello corto o los hombros caídos opta mejor por el tipo *perkins*, que solo cubre la mitad del cuello.

## EFECTOS ÓPTICOS DE LOS DISTINTOS TIPOS DE ESCOTE

| | | |
|---|---|---|
| Escote redondo o en caja |  | • Es el escote más común para adaptar cuellos cerrados.<br>• Evítalos si tienes los pechos voluminosos.<br>• Aporta volumen. |
| Escote en pico o en «V» |  | • Es ideal para las personas de cuello corto y/o ancho y mandíbula cuadrada, y poco recomendable para rostros alargados y de barbilla puntiaguda.<br>• Si el pico es muy pronunciado, evítalo si tienes los pechos pequeños. |

| | | | | | |
|---|---|---|---|---|---|
| Escote cuadrado |  | Escote cuadrado profundo |  | Escote cuadrado con tirantes |  |

• Los escotes cuadrados aportan amplitud a los hombros y acentúan la mandíbula cuadrada.

• Este tipo de escotes suele ir haciendo juego en la espalda y el delantero.

• Favorece a las personas de cuello largo.

| | | |
|---|---|---|
| Escote ovalado |  | • Aporta esbeltez.<br>• No suele repetirse en la espalda, salvo excepciones en diseños de fantasía. |

| | | | |
|---|---|---|---|
| Escote de barco |  | Escote de barco con gota |  |

- Ensancha los hombros, por lo que favorece a las personas de hombros estrechos, pero no se recomienda si estos son caídos.
- Favorece a la mayoría de las formas del rostro, excepto a las mandíbulas anchas y marcadas.
- Si es cerrado, evítalo en cuellos anchos y cortos.

| | |
|---|---|
| Escote americano o *halter* |  |

- Resalta los hombros y endurece la silueta.
- Puede ir haciendo juego en la espalda.

| | | | |
|---|---|---|---|
| Escote cruzado |  | Escote cruzado profundo |  |

- Cruza formando un pico, por lo que favorece a las personas de tórax ancho. Disimula el pecho voluminoso.
- Hay versiones más o menos profundas.

| | |
|---|---|
| Escote corazón |  |

- Termina en un leve pico. Como regla general, se considera un escote favorecedor.
- Aporta esbeltez.

| | | | |
|---|---|---|---|
| Escote *balconett* |  | Escote palabra de honor |  |

- Es un escote sensual y favorece a personas con poco pecho.

- Favorece a las personas de hombros anchos y brazos delgados.
- Si tienes el pecho pequeño, evítalo.

## EFECTOS ÓPTICOS DE LOS DISTINTOS TIPOS DE CUELLO

| | | |
|---|---|---|
| **Cuello camisero** |  | • Es el cuello más común de las camisas. Las puntas pueden ser: redondeadas, en pico, con solapa de sastre clásico, etc.<br>• En general, el cuello camisero aporta volumen al cuello. |
| **Cuello solapa deportivo** |  | • Las solapas están unidas.<br>• Aporta esbeltez al cuello. |
| **Cuello solapa clásico** |  | • Las solapas están separadas. |
| **Cuello solapa de pico** |  | • La solapa inferior termina en un pico que sobresale.<br>• Aporta esbeltez al cuello.<br>• Su efecto óptico de esbeltez aumenta cuanto mayor sea la longitud de las solapas. |
| **Cuello collar básico** |  | • Produce sensación de amplitud.<br>• Debe evitarse en personas con hombros muy anchos y gran volumen torácico. |
| **Cuello collar con volantes** |  | • Aporta volumen.<br>• Recomendado para personas de hombros muy estrechos y/o pecho poco voluminoso. |
| **Cuello collar drapeado** |  | • Estiliza si no es muy cerrado.<br>• Recomendado para personas con hombros estrechos y poco pecho. |

| | | | | |
|---|---|---|---|---|
| Cuello drapeado | | • Disimula el volumen del pecho y los hombros.<br>• Recomendado para hombros anchos y pecho voluminoso. | Cuello plisado | • Aporta volumen.<br>• Evítalo si tienes los hombros anchos y el cuello ancho y corto. |
| Cuello con volantes | | • Aporta volumen.<br>• Evitar en hombros anchos y en cuellos anchos y cortos. | Cuello fruncido pichón | • Aporta volumen.<br>• Evítalo si tienes el cuello corto y ancho. |
| Cuello esmoquin | | • Achata.<br>• Evítalo si tienes el cuello muy corto. | Cuello Médicis | • Sienta bien a la mayoría de las personas.<br>• En general favorece y produce un efecto de esbeltez, pero por su amplitud no se recomienda en personas muy menudas o con el cuello muy corto. |
| Cuello Mao o mandarín | | • Acorta el cuello.<br>• Evítalo si tienes el cuello corto y ancho. | Cuello al bies | • Acorta el cuello.<br>• Evítalo si tienes el cuello corto y ancho. |

# 2) MANGAS

| EFECTOS ÓPTICOS DE LOS DISTINTOS TIPOS DE MANGAS | | |
|---|---|---|
| **Manga montada o pegada**<br><br>La pegadura de la manga coincide con el final de la clavícula.<br><br>Es una manga que siempre queda bien y puede provocar la ilusión óptica de mayor o menor anchura según la costura esté más afuera o más adentro.<br><br>Si la manga es corta, aporta volumen, evitar en brazos cortos y /o gruesos. |  **Jamón o pierna de cordero**<br>• Fruncida con forma de jamón, es abullonada en la corona y se ajusta al resto del brazo.<br>• Favorece los hombros estrechos y caídos. |  **Farol**<br>• Manga fruncida y abullonada pero corta.<br>• Puede ser simple o de doble farol.<br>• Favorece los hombros estrechos y caídos. |
| |  **Volantes o pliegues**<br>• La manga montada puede estar formada por volantes o pliegues.<br>• Aporta volumen. |  **Manga balón recogida en puño**<br>• Aporta redondez a los hombros y volumen en general. |
| |  **Sastre**<br>• Es la más perfecta de las mangas por su caída. Gracias a su corte, y que lleva dos costuras, puede modelar más fácilmente la anatomía del cuerpo.<br>• Si tiene puño doble, produce un efecto óptico de acortar los brazos. | |
| **Manga ranglan** |  • Favorece a personas con hombros anchos o cuadrados.<br>• Puede terminar en puño estrecho o ancho.<br>• Favorece a personas con los brazos cortos y/o anchos. | |
| **Manga quimono o japonesa** |  • Favorece a personas de hombros cuadrados. | **Manga perdida**  • Sus costuras no están definidas en los hombros, sino que vienen desde el cuello. |

# 3) FALDAS

## ALGUNOS TIPOS DE FALDA

**1. Al bies:** formada por dos paños que unidos dejan una costura por detrás o por delante. Estiliza la figura.

**2. Asimétrica:** con paños que caen a diferentes largos y pueden crear distintas formas.

**3. Con vuelo:** el vuelo se reparte por igual en todo el perímetro de la cintura. Sientan mejor si son más bien largas.

**4. *Evasé*:** se despega de los costados ligeramente y guarda la proporción con el volumen de la cadera.

**5. Recta:** es de una sola pieza, con pinzas en el delantero que pueden ser rectas o inclinadas. Las pinzas inclinadas proporcionan más volumen a la cadera. Si la falda recta se estrecha en la aparte de abajo, se la denomina «falda tubo».

**6. Falda-pantalón:** especie de pantalón con la pernera muy acampanada.

**7. Globo:** ceñida en la cintura y a partir de aquí se abre para volverse a ajustar a la altura de las rodillas.

**8. *Godés*:** ajustada en la cintura y en las caderas, se abre en su parte inferior.

**9. Minifalda:** falda corta, introducida en 1965 por Mary Quant.

**10. Con tablas:** la tela se pliega formando tablas. Una versión de este tipo de falda es la escocesa, con un pliegue más ancho por delante que se abre en un lateral, se cierra con trabilla y, generalmente, se engancha con un imperdible.

**11. Con volantes:** estos pueden ser sencillos o dobles, más o menos fruncidos o al bies.

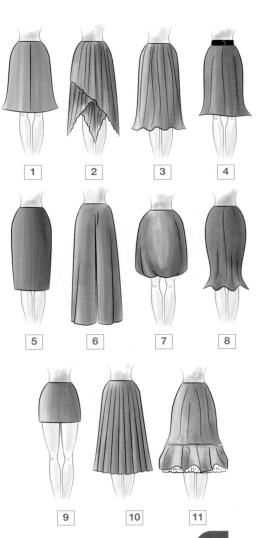

# **4**) CHAQUETAS

**1.** Hombros

Para asegurarte de que estás cómoda con ella, tienes que abro-chártela cuando te la pruebes y, después, subir y bajar los bra-zos. Sabrás si te queda perfecta si al hacer este gesto la pren-da cae respetando su forma inicial.

> Los hombros deben quedar holgados para que te muevas sin dificultad.

> La línea horizontal o canesú ensancha de forma óptica los hombros.

**2.** Mangas

Con los brazos relajados, comprueba que el largo de la manga llega hasta el hueso de la muñeca. Es la longitud ideal.

La manga debe estrecharse a medida que desciende desde el hombro hasta la muñeca, salvo en algún estilo concreto.

**3.** Cuellos

El cuello de la chaqueta no debe desbocarse y, por detrás, su altu-ra tiene que llegar aproximadamente hasta la mitad de tu cuello.

> El cuello-solapa estiliza el cuello.

> El cuello camisero aporta volumen.

**4.** Botonadura

Si es tu talla, la chaqueta con la botonadura cerrada te sentará impecable. Por el contrario, si te queda muy justa, los botones se abrirán hacia afuera.

> La botonadura doble aporta volumen, mientras que la simple estiliza.

**5.** Bolsillos

Los que tienen ojal aportan esbeltez, y los de parche ofrecen volumen.

**6.** Talla y longitud

Si te sientes cómoda con ella puesta porque no tira ni en la espalda ni en la parte delantera, habrás elegido la talla correcta. Para asegurarte de que no te equivocas, cruza tus brazos, levántalos y siéntate; cuando te levantes, la chaqueta deberá caer de forma natural y holgada.

Salvo que tenga un estilo determinado, la chaqueta debe llegar a la altura de tu cadera. La longitud es la correcta si, cuando te la pruebas, levantas los brazos y no te ves el vientre.

### 4.1. Algunos tipos de chaqueta

> *Blazer* o americana: chaqueta con o sin cuello, masculina y femenina, con el largo hasta la cadera y sin corte en la cintura, generalmente de paño de lana y con botonadura sencilla o cruzada.

> Sastre: tipo de chaqueta americana de hechura masculina que permite adaptarla a las modas graduando el talle, las aplicaciones, las solapas, etc.

Existen muchas otras formas y estilos como la chaqueta suelta, entallada, de corte militar, rebeca, bolero, sahariana, torera, etc.

# 5) PANTALONES

## ALGUNOS TIPOS DE PANTALÓN

**1.** Recto: con costuras en el interior y exterior de la pierna, cremallera o botón y portañuela (tira de tela que tapa la abertura que tienen por delante). Es básico, pues es un tipo de pantalón clásico que produce un efecto de esbeltez muy favorecedor. Si tiene vuelta, la pierna parecerá más corta.

**2.** Suelto desde la cadera: este ancho de pantalón, que se usa más bien para vestir, te sentará muy bien en el caso de que quieras disimular unos glúteos prominentes. En crepé tiene una caída excelente.

**3.** Acampanado de fantasía: tiene cortes desde la cintura que lo ajustan hasta la rodilla desde donde comienza a ensancharse formando *godés*.

**4.** Acampanado: presenta bolsillos horizontales a la altura de la cadera, costuras a ambos lados de las piernas y un ancho que crece a medida que baja por la pierna hasta que se acampana a la altura del tobillo.

**5.** Bávaro o *Rocchiattore*: es ancho en las caderas y se cierra debajo de las rodillas.

**6.** Bombacho: es ancho y se estrecha a la altura del tobillo. Puede ir acompañado de un cinturón con mucho vuelo tipo bufanda.

**7.** De montar: pantalón suelto hasta la altura de las rodillas, donde se ajusta ligeramente. Puede llegar a los tobillos. Recuerda al pantalón de montar a caballo.

**8.** Bermudas: llega a la altura de las rodillas y las piernas del pantalón pueden o no estar ajustadas.

**9.** Pescador: su largo llega hasta el tobillo. Si son tipo pitillo, tus caderas pareceran más grandes.

**10.** Pirata: el largo llega hasta las pantorrillas.

**11.** Capri: parecido al pantalón pirata, pero con aberturas en la parte exterior y más tobillero.

**12.** Pichi: es de una pieza con el cuerpo sin mangas. Debe estar confeccionado con un tejido flexible. También puede ser tipo vestido. El peto es parecido al pichi pero más ancho.

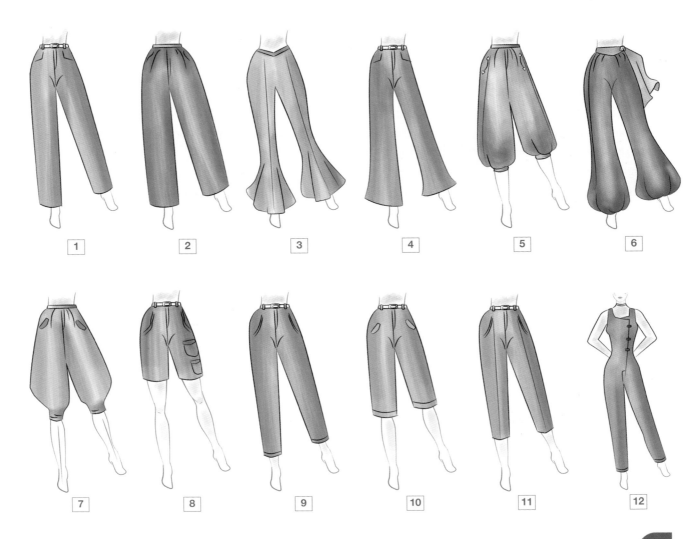

# ⑥ VESTIDOS

## ALGUNOS TIPOS DE VESTIDO

**1.** Camisero: con forma de camiseta con cuello y botones de arriba abajo. Puedes llevarlo con o sin cinturón.

**2.** Cruzado: por su línea redondeada proporciona amplitud. Se cruza en la parte delantera y se ata en un lateral con un lazo o nudo que también aporta volumen a esa zona.

**3.** Básico: vestido entero, sin cortar en la cintura.

**4.** Con corte imperio: inspirado en los vestidos griegos, su talle alto te proporcionará esbeltez.

**5.** Tableado: cortado en la cintura y formando tablas, aporta volumen a tus caderas.

**6.** De fiesta: corto o largo, admite escotes más amplios; *balconette*, corazón, *halter*, fantasía…

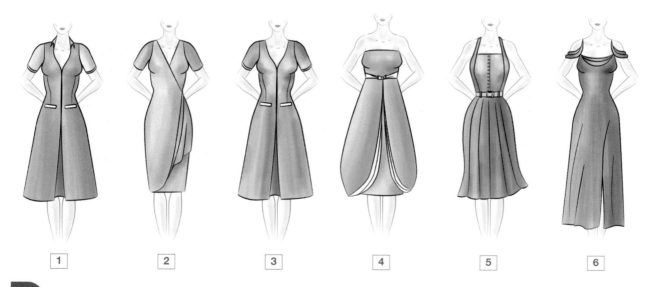

| 1 | 2 | 3 | 4 | 5 | 6 |

# 7) CAMISETAS

**1.** Talla, longitud y detalles

Las camisetas demasiado ajustadas no favorecen. Si tienes las caderas anchas, es mejor que no las cubra, es decir, que el borde de la camiseta termine por encima de estas.

Las camisetas con bolsillos añaden volumen al pecho, y las estampadas, volumen en general.

**2.** Hombros

Deben quedar holgados y bien adaptados para permitir que te muevas con comodidad.

La línea horizontal o canesú aporta amplitud.

**3.** Mangas

La media manga o manga tres cuartos estiliza los brazos gruesos y produce un efecto de alargamiento, mientras que la manga corta aporta volumen a unos brazos muy finos.

**4.** Escote

> El escote en pico o «V» disimula los pechos voluminosos, alarga los cuellos cortos y anchos y aporta esbeltez.

> Los escotes cuadrados y redondos aportan volumen al pecho, los hombros y el cuello.

> Los escotes ovalados, corazón y palabra de honor estilizan.

> Los escotes *balconette* favorecen a las mujeres con pechos poco voluminosos y suavizan los hombros anchos.

> Los escotes palabra de honor y cruzado disimulan los pechos voluminosos.

> El escote de barco y el escote americano o *halter* disimulan unos hombros estrechos.

# 8) ZAPATOS

El zapato es el calzado que sirve para cubrir y resguardar el pie, pero sin sobrepasar el tobillo. Su parte inferior suele ser de suela y el resto de piel, fieltro, paño u otro tejido más o menos escotado por el empeine.

Una pala baja o escotada estiliza más la pierna, y una pala alta produce un efecto óptico de engrosamiento de piernas y tobillos. Si la pala es simplemente una tira entre los dedos (tipo sandalia) o deja ver levemente los dedos (muy escotada), parecerá que tu pierna se alarga.

Las suelas finas dan la sensación de un pie delgado y, además, estilizan la figura.

El tacón alto estiliza más que el bajo, y el tacón ancho es una buena opción para las mujeres que quieren parecer más altas y les resultan incómodos los tacones finos. Sea como sea, tienes que tener en cuenta estos consejos:

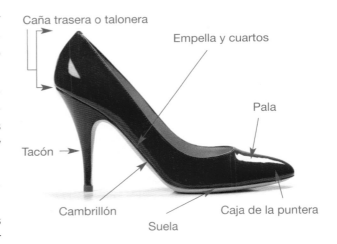

Caña trasera o talonera

Empella y cuartos

Pala

Tacón

Cambrillón

Suela

Caja de la puntera

> Si eres de poca estatura, el tacón medio es el ideal para prolongar tu altura, pues uno demasiado alto puede resultar exagerado. Si utilizas zapatos planos, asegúrate de que al menos tienen un mínimo tacón (de 3 a 5 cm). En tu caso, lo ideal es un zapato destalonado o tipo mule.

> Si tu silueta es ancha, ten cuidado con los tacones muy altos y finos, tipo aguja, porque resultan desproporcionados. Te recomiendo un zapato de altura media y de tacón no muy estrecho. Te quedarán fenomenal las botas altas.

Las pulseras tobilleras sobre el empeine o bien abrazadas al tobillo acortan la pierna. Si tus pantorrillas y tobillos son anchos, evítalas o póntelas con pantalones en vez de con faldas.

[ **la horma de tu zapato** ]

• Los zapatos que acaban en punta o en forma de «V» aportan esbeltez, mientras que los zapatos que acaban en redondo o en forma de «U» la disminuyen.

• Los zapatos de punta cuadrada y ovalada disimulan unos pies muy grandes.

• La caña trasera alta estiliza menos que la baja, y esta menos que la destalonada (sin caña trasera).

## 9 BOTAS

La bota es un calzado, generalmente de cuero, que resguarda el pie y parte de la pierna.

Cordones
Caña    Forro
Carrillera
Tobillera
Lengüeta
Puntera
Pala
Suela
Talonera
Tacón

[ **tu bota ideal** ]

• Las botas de caña alta estilizan las piernas gruesas.

• La media caña hace la pierna más esbelta.

• La caña baja tipo botín resta altura y acorta la pierna.

## [ la mejor elección ]

- El tamaño del tacón depende de tu estilo de vida, de tus necesidades y de tus gustos particulares. Como regla general, no te aconsejo el uso de tacones muy altos durante el día y para trabajar. Resérvalos para ocasiones de ocio u otros eventos.

- Si te vas a comprar unos zapatos de ceremonia o de fiesta, búscalos con medio número o un número más; si tu pie no puede descansar, se hincha y, de esta manera, podrá expandirse sin problemas. No arruines una ocasión especial por culpa de unos zapatos.

- Si llevas zapatos de salón negros en verano, que sean destalonados.

- Utiliza medias del mismo color que el zapato si quieres estilizar tu figura. Y recuerda siempre que el zapato blanco no debe combinarse con medias o ropa oscura.

- Aprovecha la variedad de combinaciones de zapatos e indumentaria femenina que hay en el mercado. No necesitas que el bolso sea siempre del mismo color que tus zapatos.

- Los colores más recomendados son:

  - En primavera: azul marino, *beige*, negro, tonos tostados, gris, plata y *camel*.

  - En verano: azul marino, *beige*, blanco, tonos tostados, *camel*, dorado, plateado y rojo.

  - En otoño: todas las tonalidades del marrón, negro, *camel*, y gris oscuro.

  - En invierno: marrón, negro, *camel*, plata, gris medio y azul marino.

# Recuerda

1. Aportan volumen, anchura y amplitud: las líneas horizontales, redondeadas y cruzadas; la botonadura doble; los bolsillos laterales o en diagonal, los de parche y los que quedan abiertos; las aberturas laterales en las faldas; los pantalones con rayas sinuosas.

2. Estilizan y proporcionan esbeltez y altura: las líneas verticales; la botonadura simple; los bolsillos de ojal; la manga tres cuartos; las aberturas traseras en las faldas; la pernera recta en los pantalones.

3. Los escotes profundos y horizontales crean un efecto óptico que amplía los hombros, y los poco profundos y verticales los empequeñecen.

4. La pernera ancha crea un efecto de menor altura, y una muy estrecha, tipo pitillo, hará que tus caderas parezcan más anchas.

5. Los zapatos que acaban en punta o en forma de «V» aportan esbeltez, al contrario que los que acaban en redondo o en forma de «U».

6. Las botas de caña alta estilizan las piernas gruesas y las de caña baja, tipo botín, acortan la pierna.

# TRUCOS PARA ESTILIZAR TU FIGURA

> Vestirse bien implica algo más que ponerte lo que te gusta. Necesitas conocer las prendas: su forma, los tejidos que las componen, sus colores, los patrones y las proporciones. Solo así podrás crear distintos efectos ópticos para alargar o reducir tu figura y parecer más esbelta o menos delgada. También serás capaz de atraer la atención de los demás hacia tus puntos fuertes y más bellos, y disimular aquellas zonas de tu cuerpo que no deseas destacar.

SEGURO que alguna vez has utilizado algún truco casero
para disimular aquellas partes del cuerpo que menos te gustan.
Por ejemplo, anudarte un bonito pañuelo al cuello si lo tienes
muy largo; elegir un vestido de corte imperio si no tienes
bien definida tu cintura; o utilizar prendas con hombreras
si tus hombros están caídos o son demasiado estrechos.
Todas son soluciones para verte mejor.

Pon atención a los siguientes consejos si quieres que las prendas
de vestir que elijas resalten aquellas partes de tu cuerpo
de las que te sientes orgullosa y disimulen las que menos
te gustan. Si tienes en cuenta cómo es tu cuerpo y eliges
con buen tino tu fondo de armario, podrás sacarte
el máximo partido.

# 1) CÓMO SACARTE EL MEJOR PARTIDO

«El cuerpo es la prenda sagrada».

Martha Graham

### Cintura ancha

Utiliza

> Vestidos rectos y poco entallados, de talle alto o de corte imperio, ya que no definen la cintura. También puedes elegirlos con cinturones finos bajo el pecho, con bolsillos verticales y de tipo camisero. Lo importante es que no sean ajustados.

> Faldas que descansen en la cadera y que sean holgadas. Si tu cadera no es ancha, también te vendrán bien las faldas con cintura estrecha, al bies y *evasé*.

> Pantalones sin detalles frontales, con cintura estrecha y rectos, que aportan a tu figura altura y esbeltez.

> Jerséis, blusas, camisetas y tops con líneas rectas y una botonadura simple para parecer más esbelta. Te interesan las prendas que no se entallen en la cintura: una camisa suelta desde los hombros, con talle largo para ablusar sin revelar la forma de tu cintura. También te irán bien los chalecos, las túnicas y las camisolas.

> Los complementos ideales son un cinturón en la cadera, estrecho y mate, que no llame la atención. Si te hace falta compensar los hombros, usa hombreras. Y recuerda que cualquier otro complemento en la parte superior de tu cuerpo actúa como un captador de atención: son estupendos los collares o los colgantes.

Debes evitar

> Vestidos de cintura baja y/o ancha, con pinzas, cortes y/o bolsillos laterales. Huye de los vestidos entallados y de los tejidos gruesos y estampados.

> Faldas plisadas o con frunce en la cintura, faldas de tablas, *godés* o faldas pantalón. También descarta las faldas con pinzas laterales o costurillas grandes en la cintura, y las que tengan bolsillos laterales.

> Pantalones con cinturilla marcada, de cintura alta y con bolsillos o pliegues que destaquen la cintura; pantalones con pinzas laterales, pitillos, tobilleros, piratas y estrechos en los tobillos. Todos harán que tus caderas y tu cintura parezcan más anchas.

> Blusas, camisetas, jerséis y tops muy entallados, o con líneas redondas que aporten volumen; la botonadura doble y los bolsillos de parche. Nunca lleves la blusa por dentro del pantalón o de la falda.

> Ciertos complementos, como cinturones llamativos y pañuelos, atados a tu cintura.

## Cintura alta

Utiliza

> Vestidos y faldas de cintura baja.

> Pantalones sin cinturilla.

> Chaquetas hasta la cintura o con más largo.

> Escotes en pico.

> Como complemento, te sentará fenomenal un cinturón en la cadera y los que tengan el mismo tono que la blusa o el jersey que lleves puesto.

Debes evitar

> Vestidos de corte imperio.

> Faldas y pantalones de talle alto, tipo torero.

> Chaquetas cortas.

> Los cinturones ajustados a la cintura.

## Hombros estrechos y/o caídos

Utiliza

> Jerséis, blusas, camisetas y tops con hombreras, solapas anchas y de pico, y con mangas fruncidas y tipo farol o con volantes; escotes abiertos y horizontales tipo barco; cuellos anchos, en pico y con solapa; los tops con cuello barco o escote en «V», con solapas o bolsillos en el pecho; y las chaquetas con solapas en pico hacia arriba y con doble botonadura. Cualquier prenda con el cuello grande que haya en tu armario te favorecerá.

> Complementos que te aporten anchura en los hombros, como los detalles horizontales tipo militar *epaulenettes*.

Debes evitar

> Jerséis, blusas, camisetas y tops con costuras profundas o escotes anchos por detrás; vestidos y tops con tirantes muy finos o sin ellos; prendas con cuello en pico con hombreras, rayas verticales, mangas ranglan, mangas caídas o jerséis de cuello vuelto.

> Collares largos que proporcionen verticalidad.

## Hombros anchos

Utiliza

> Jerséis, blusas, camisetas y tops con escote por detrás, mangas ranglan, cuellos drapeados o en pico; camisetas oscuras, y chaquetas sin solapas. Si además eres estrecha de caderas, elige faldas con dibujos horizontales en la parte inferior para equilibrar tu figura.

> Tirantes finos en vestidos y camisetas, y collares largos que rompan la horizontalidad de esa zona de tu cuerpo.

> Colores oscuros a la altura de los hombros.

> Capas, ¡te van a favorecer mucho!

Debes evitar

> Jerséis, blusas, camisetas y tops con cuello plisado y con volantes, fruncidos, *smoking*, Médicis, Mao y bies; líneas y escotes horizontales; camisetas con cuello barco y las confeccionadas con telas brillantes; las mangas fruncidas o abultadas, tipo farol; los tops sin tirantes finos; y las solapas en pico hacia arriba.

> Complementos con detalles en los hombros. No utilices broches horizontales; pañuelos que caigan desde los hombros y los anudes en el pecho; hombreras; ni tirantes muy anchos en vestidos y camisetas.

## Brazos cortos y/o gruesos

Utiliza

> Jerséis, blusas, camisetas y tops con manga tres cuartos, ranglan y manga larga hasta la muñeca.

> Complementos para destacar otras zonas de tu cuerpo que no sean los brazos.

> Los colores oscuros, rayas y cortes con líneas verticales.

Debes evitar

> Jerséis, blusas, camisetas y tops con manga corta, manga larga con puño doble, fruncida o muy ancha, o manga muy estrecha de tejidos que se ciñen a tus brazos. Evita las camisetas que se ajusten y los cuerpos sin mangas.

> Complementos que lleves en los brazos, como pulseras, relojes y brazaletes.

> No te vistas con prendas que tengan rayas horizontales o cuyos tejidos sean transparentes.

## Brazos largos y/o delgados

Utiliza

> Jerséis, blusas, camisetas y tops con manga corta o manga larga con puño doble, puño ancho o con un poco de volumen.

> Complementos como chales, pañuelos drapeados, pulseras, brazaletes y relojes.

Debes evitar

> Jerséis, blusas, camisetas y tops con manga tres cuartos, ranglan o manga muy estrecha o muy ancha. No te favorecen los cuerpos sin mangas o de sisas.

> Como complemento no apuestes por los chales de tela transparente.

## Cuellos cortos y/o anchos

Utiliza

> Jerséis, blusas, camisetas y tops con escotes de pico u ovalado; cuello de camisa abierto o con las solapas levantadas y/o largas; cuellos y escotes bajos. Te favorecen mucho los jerséis y las camisetas en pico y las chaquetas sin solapa.

> Collares finos y largos, colgantes, pañuelos drapeados y broches en la parte baja de la solapa de las chaquetas.

> Colores claros en la zona del cuello. No te cierres el primer botón del cuello de la camisa. Así lo estilizarás.

Debes evitar

> Jerséis, blusas, camisetas y tops con cuellos barco muy cerrados, cuellos cisne, mandarín o cuello caja; con volumen en forma de lazos, volantes, etc. No uses escotes cuadrados ni redondos abiertos en los lados.

> Collares cortos y gruesos, gargantillas y pañuelos anudados al cuello.

> Procura evitar las prendas con capucha y los detalles en la zona del cuello, como los lazos, los volantes o los broches.

## Cuellos largos y/o delgados

Utiliza

> Jerséis, blusas, camisetas y tops con cuellos altos y camiseros; escotes horizontales tipo cuadrado y de barco y chaquetas y blusas con cierre alto.

> Collares cortos, pendientes cortos o de botón, gargantillas y cadenas gruesas. Te quedarán muy bien los sombreros de ala caída, los pañuelos atados al cuello y los chales. Lúcete con estos adornos.

Debes evitar

> Jerséis, blusas, camisetas y tops con cuello abierto y escotes profundos, en pico o redondos; las camisas abiertas en el cuello y las chaquetas sin solapa o en pico.

> Pendientes y collares largos, y pañuelos atados en la zona baja del cuello.

## Glúteos planos y/o caídos

Utiliza

> Conjuntos de dos piezas en vez de vestidos enteros.

> Faldas con cortes sueltos desde la cadera y faldas fruncidas, plisadas y con vuelo.

> Pantalones en tonos oscuros, con rayas longitudinales y de pinzas.

> Jerséis, blusas, camisetas y tops, aunque ten mucho cuidado y no te pases con el largo.

> Como complemento, un lazo encima de un glúteo caído disimulará esa parte del cuerpo con un toque especial.

> Tejidos que se despeguen, de colores oscuros, mates, lisos y de espigas. Los bolsillos traseros o en la cadera y otros adornos a esta altura ayudarán a suavizar la apariencia de este tipo de glúteos.

Debes evitar

> Prendas ajustadas. Los vestidos de punto no te sentarán demasiado bien.

> Faldas tubo y estrechas.

> Pantalones muy ajustados o demasiado anchos.

> Cinturones que marquen mucho los glúteos.

## Glúteos prominentes

Utiliza

> Vestidos camiseros, de corte imperio, cruzados, de corte irregular y sueltos, de telas con caída.

> Faldas con costuras en el centro delantero y con caída, al bies, con costuras verticales y *evasé*. Estas últimas no las utilices si tu cadera es muy ancha.

> Pantalones en colores oscuros, con bolsillos discretos o sin ellos, de corte recto, con los bajos anchos y con costuras verticales.

> Jerséis, blusas, camisetas y tops con mucha amplitud, tipo camisola.

> Camisas y chaquetas de tejidos finos que te cubran los glúteos.

> Las hombreras te ayudarán a equilibrar la desproporción de tus glúteos respecto al resto de tu cuerpo. Ponte pañuelos y collares, como captadores de atención, que atraigan la mirada a la parte superior de tu cuerpo.

Debes evitar

> Vestidos de punto, enterizos ajustados y con tablas, volantes o tipo globo.

> Faldas tubo y estrecha, con tablas, faldas-pantalón, faldas globo, y con pinzas y bolsillos laterales.

> Pantalón muy ajustado y con bolsillos o detalles traseros, en tonos claros o de rayas horizontales, con cintura ancha, pitillo tobillero, piratas y estrechos en los tobillos.

> Nunca lleves las camisas por dentro del pantalón o de la falda. Tampoco te pongas chaquetas que acaben en la parte más ancha de tus glúteos.

> Descarta los bolsillos y cualquier adorno que aporte volumen a tu figura. Huye de las líneas y los cortes horizontales, los cinturones anchos, y los bolsos de asa larga.

> Los tejidos gruesos y tiesos, las prendas de punto ajustadas y las cinturillas muy fruncidas.

## Senos voluminosos

Utiliza

> Jerséis, blusas, camisetas y tops de colores lisos y oscuros; las prendas con escote, preferiblemente en pico o en «V»; manga japonesa; cuellos drapeados y con abertura central; chaquetas con cuello solapa y prendas holgadas en líneas verticales.

> Pañuelos que caigan sobre el pecho y algún collar discreto que no acabe a la altura del pecho.

> Tejidos finos o de textura media.

Debes evitar

> Jerséis, blusas, camisetas y *tops* de manga corta; camisetas con dibujos grandes, estampados y colores brillantes; chaquetas cortas y cruzadas y cuellos con cierre alto y de escote redondo u ovalado. Evita también las prendas de cuello alto o plisado y con volantes, los tejidos de textura gruesa, las camisetas con grandes solapas, y los tops holgados o voluminosos, así como los jerséis de punto grueso.

> Pañuelos atados al cuello y collares cortos, muy llamativos y pesados.

> Tampoco utilices echarpes, toquillas o cualquier otra prenda que se ate a la altura del pecho.

> Elimina de tu armario los cinturones anchos, que tampoco te favorecen.

## Senos pequeños

### Utiliza

> Jerséis, blusas, camisetas y tops con escote en caja u ovalado, las tablitas debajo del pecho y los costadillos de sisa. Te resultarán muy favorecedoras las camisetas que se ablusan en el pecho; las camisas con bolsillos y solapas, con líneas horizontales y estampados sobre el pecho, y con bolsillos a la altura del pecho y cuello ancho. Las camisetas y las chaquetas ajustadas, de corte imperio, y cuello *halter* también son un acierto.

> Complementos como collares, pañuelos anudados a la altura del pecho, cinturones anchos, lazos y chorreras son ideales y te sentarán fenomenal.

### Debes evitar

> Jerséis, blusas, camisetas y tops con escote palabra de honor, en pico pronunciado o muy abiertos. Tampoco te van las camisetas holgadas y de tejidos rígidos, mucho menos los chalecos.

> Prendas de punto muy ajustadas, rayas verticales y el punto de canalé.

> Faldas y pantalones con mucho vuelo que creen volumen para no acentuar un pecho de pocas dimensiones.

## Vientre prominente

Utiliza

> Vestidos poco ajustados, de corte debajo del pecho y *baby doll*, que van a favorecer mucho tu figura.

> Faldas al bies y *evasé*, faldas y vestidos con un corte que permita mostrar las piernas, con bolsillos verticales o de ojal y líneas verticales.

> Pantalón con pinzas frontales y de corte recto.

> Blusones sueltos, túnicas, camisetas con mangas que se estrechen en la muñeca, de manga francesa y mangas ranglan o quimono. Camisetas con efecto vertical en escote, solapas, etc.

> Chaquetas con el botón superior debajo del busto.

> Prendas que caigan suavemente sobre las curvas, y que no te aprieten la cintura.

Debes evitar

> Vestidos con tejidos brillantes, estampados fuertes, de tonos claros o ceñidos.

> Faldas abotonadas en el delantero, pegadas, con fruncidos, de tablas, *godés*, faldas-pantalón y con líneas horizontales.

> Pantalones ajustados, de pinzas laterales, pitillos, tobilleros, piratas, estrechos en los tobillos y con bolsillos laterales.

> Jerséis, blusas, camisetas y tops ajustados en el vientre, prendas y mangas apretadas, de tejidos rígidos, sin mangas o con mangas muy cortas; chaquetas que se abrochen cerca de la cintura, cortas, o chaquetas y camisetas que terminen en la parte más ancha de tus caderas.

> Cinturones apretados o cualquier tipo de complemento que haga fijar la vista a la altura de tu vientre.

> Tejidos muy finos, de punto, colores claros y estampados no te favorecen.

## Piernas anchas

Utiliza

> Vestidos por debajo de la rodilla y con cintura estrecha.

> Faldas por debajo de la rodilla, *godés*, *evasé*, al bies y la larga tipo *hippie*.

> Pantalón recto y con la raya marcada, bombachos y los que tengan rayas verticales.

Debes evitar

> Vestidos cortos, tubo o con vuelo, y vestidos y faldas con cortes laterales y detalles en los bajos.

> Faldas ribeteadas en su extremo inferior, minifaldas, faldas globo o con vuelo, faldas-pantalón, faldas plisadas y con líneas horizontales.

> Pantalones estrechos o estampados, tipo bávaro, de montar, cortos o pirata, y bermudas. Evita llevar pantalones con bolsillos laterales, de rayas horizontales, así como mallas ceñidas o con dibujos.

## Piernas delgadas

Utiliza

> Vestidos estampados.

> Faldas con estampados y de un largo adecuado a tu altura.

> Pantalones estampados y con volumen.

Debes evitar

> Vestidos oscuros y pantalones de tonos oscuros y muy estrechos.

> Faldas con mucho vuelo y minifaldas.

## Piernas cortas

Utiliza

> Vestidos de talle alto y por la rodilla, o justo por encima de esta si tienes las piernas delgadas.

> Faldas de tejidos finos, de talle alto y con líneas verticales.

> Pantalones de tejidos finos, rectos y largos, y de talle alto y rayas verticales.

> Jerséis, blusas, camisetas y tops de talle alto.

> Para la playa elige un bañador alto de pierna.

> Zapatos de tacón medio, tipo *mule* o botas de caña alta o media.

Debes evitar

> Vestidos largos y prendas con cintura ancha, ya que te restan altura y aportan amplitud.

> Faldas con ribetes inferiores, largas y con líneas horizontales. Tampoco utilices faldas plisadas o con vuelo. No te favorecerán.

> Pantalones anchos con vuelta en los bajos y rayas horizontales, pantalones capri, pirata o pescador.

> Jerséis, blusas, camisetas y tops de tipo blusón, y chaquetas largas.

> Complementos que se queden en tu cadera, como un cinturón.

> Zapatos con tiras en los tobillos, botines, zapatos que cubran mucho el empeine, zapatos planos o de tacón de aguja.

## Piernas largas

Utiliza

> Vestidos largos y con cintura ancha.

> Faldas con ribetes inferiores.

> Pantalones con vuelta en los bajos, pantalones capri, pirata o pescador.

> Jerséis, blusas, camisetas y tops de tipo blusón, y chaquetas largas.

> Un cinturón en la cadera.

> Zapatos con pulseras en los tobillos, zapatos bicolor y botines.

Debes evitar

> Vestidos de talle alto.

> Falda de talle alto.

> Pantalón de talle alto y con raya vertical.

> Chaquetas toreras y otras de talle alto ya que harán que tus piernas parezcan aún más altas.

> Los cinturones anchos.

> Zapatos muy altos y prendas con raya diplomática.

[ piernas largas y delgadas ]

Si tus piernas son muy delgadas puedes usar medias claras y con rayas horizontales. También te favorecerán los zapatos con tiras en los tobillos. Por el contrario, evita las medias de colores llamativos y el calzado con tacón muy alto.

# Recuerda

**1.** Decántate por el monocromatismo para estilizar tu figura.

**2.** Elige colores neutros oscuros (grises, negros, marrón chocolate…).

**3.** Busca estampados o hechuras que recreen tus líneas verticales.

**4.** Cuida tu equilibrio corporal creando efectos ópticos que engañen la vista. Por ejemplo, si tu parte inferior es más ancha que la superior, pon algo de volumen arriba para compensar e intentar que la parte inferior se perciba más estilizada.

**5.** Lleva zapatos de tacón medio o medio-alto. Evita las tiras tobilleras y la caña tipo botín a no ser que seas una mujer muy alta.

**6.** Escoge un tamaño adecuado para tus complementos.

**7.** Si no quieres ganar volumen, evita los tejidos gruesos, rígidos, pesados, brillantes, voluminosos y los estampados grandes.

**8.** Practica «menos es más», sobre todo en lo que a accesorios se refiere. No vayas recargada, tienes que marcar estilo pero con discreción. La sencillez en el uso de las prendas y los complementos aumentará tu elegancia.

# COMPLEMENTOS, TUS GRANDES ALIADOS

> Los complementos son los accesorios que acompañan a tu vestuario.
En algunos casos, son de uso cotidiano, como el bolso o las medias;
y en otros, menos habitual, como los guantes o los sombreros.
No se trata de adornarte en exceso sino de saber elegir qué complemento
es el que mejor te va en cada momento teniendo en cuenta
tus características físicas. Con ellos lograrás ese toque especial
que te distingue y hace que tu estilo sea único.

ELEGIR los complementos que mejor van con tu estilo es, además de divertido, muy importante. Dependiendo de tu elección, estos pequeños accesorios te harán brillar como a una estrella o, lejos de aportarte elegancia, te harán parecer un árbol de Navidad.

Los complementos tienen que ser:

> Cómodos: conviene que sean de formas y materiales moldeables, adaptables y flexibles, sobre todo los que lleves durante el día.

> Prácticos: fáciles de limpiar y funcionales.

Lo primordial es que te sienten bien y contribuyan a que te veas mejor. Recuerda que también pueden ayudarte a disimular aquellas partes de tu cuerpo menos equilibradas.

# 1) LOS COMPLEMENTOS FEMENINOS

«Los accesorios, a pesar de su nombre, son esenciales, pues definen la esencia de la mujer. El accesorio es bueno cuando aúna y equilibra belleza y funcionalidad».

Equipo de Loewe

## 1.1. LOS BOLSOS

Entre los distintos modelos que hay, deberás elegir uno u otro en función de lo que necesitas, siempre buscando ese punto de distinción que quieres y manteniendo la armonía de todo el conjunto.

> Los bolsos de *sport* o de calle pueden ser de muchos tamaños y formas (tipo bandolera o con asas). En este grupo se incluyen: los bolsos para ir a trabajar, que han de ser cómodos y versátiles en función de las necesidades laborales de cada mujer, y los bolsos de fin de semana, de viaje, etc.

> Los bolsos de vestir o de fiesta son más pequeños y los sueles llevar en la mano o colgados con unas pequeñas asas, cadenas o cordones. Los modelos de vestir más frecuentes son variaciones de un modelo francés en forma de caja, fabricados en carey o metal. Nunca deben ser de piel.

[ el tamaño sí importa ] El tamaño de tu bolso tiene que estar en relación con el tuyo. Un bolso pequeño hace parecer más grande a una mujer voluminosa y un bolso grande resulta demasiado llamativo para una mujer bajita.

Recomendaciones

> Si quieres comprarte un buen bolso, de calidad, opta por uno en piel y con un color discreto: negro, azul marino, marrón, burdeos o cuero. Son los más combinables.

Aunque las más clásicas prefieren llevar los zapatos y el bolso a juego, la oposición de colores y materiales muchas veces resulta muy elegante y apropiada. Atrévete a probar y verás qué cambio.

> Los bolsos grandes armonizan con faldas, vestidos, pantalones o chaquetas largas, pero no con una minifalda.

> En ocasiones formales siempre tienes que llevar un bolso de mano pequeño, y a ser posible de raso, telas bordadas o carey. Evita la piel para estos momentos.

> Los bolsos de vestir pueden ser de un tono neutro a juego con el color de los zapatos, un tono un poco más claro que los zapatos o, en contraposición, de algún tono o estampado más sofisticado. Ten en cuenta que es importante que los colores contrasten.

Te recomiendo esta variedad de colores según la estación del año:

• En primavera: azul marino, *beige*, negro, tostados, gris, plata y *camel*.

• En verano: blanco, rojo, *beige*, azul marino, tonos tostados, *camel*, dorado y plateado.

• En otoño: todas las tonalidades del marrón, negro, *camel* y gris oscuro.

• En invierno: marrón, negro, *camel*, plata, gris medio y azul marino.

> Recuerda que el bolso de diario para ir a trabajar o para el fin de semana debe ser amplio, y cómodo. Utilízalo con indumentaria propia del trabajo, más o menos formal o informal de fin de semana. El bolso tipo cesta es ideal para ir a la playa o a la piscina; una riñonera o una mochila son cómodas para viajar; los bolsos o mochilas deportivas te servirán para ir al gimnasio; y los bolsos de fantasía para salir de noche. Vístete según la ocasión y elige el bolso que más te convenga.

## 1.2. Los sombreros

El sombrero es un accesorio elegante que no solo protege del sol y del frío, sino que también puede resultar muy favorecedor. En España, usamos poco los sombreros para protegernos del frío y del sol. Sin embargo, el tocado poco a poco ha adquirido relevancia en actos formales como bodas, comuniones, etc.

Lo más importante es que sea ligero para que te olvides de que lo llevas puesto. Esta es la única manera de que luzcas un sombrero o un tocado con naturalidad.

Antes de comprarte uno, asegúrate de cuál es tu talla: sabrás que es la adecuada cuando el sombrero descanse confortablemente sobre la frente y la copa se ajuste perfectamente a tu cabeza.

**[ con mantilla ]** En nuestro país es más tradicional el uso de la mantilla española para las ceremonias religiosas. Se sujeta al recogido del cabello con una peineta y se lleva hasta la rodilla o hasta la mitad de la pierna. Normalmente es de color negro, aunque también puedes encontrarlas en blanco o marfil. El protocolo establece que ante una autoridad religiosa lleves mantilla negra, salvo que estés embarazada, en cuyo caso tendrá que ser blanca.

> Nunca debes llevar sombrero con vestido largo. No es de buen gusto.

> El color del sombrero debe ser más claro o igual que el del escote.

> En general, no se considera correcto utilizar sombrero en las siguientes circunstancias: al comer en un restaurante, cuando hablas con otra persona, si entras en un templo religioso, delante de un cortejo fúnebre, en una ceremonia de noche, etc. Aunque una mujer puede llevar un sombrero puesto en prácticamente todos los lugares y ocasiones, conviene descubrirse la cabeza, siempre que sea posible, cuando se saluda a una persona de avanzada edad, a un representante eclesiástico o a una persona de insigne prestigio o relevancia.

> Salvo en bodas, no te pongas sombrero y guantes a la vez.

> Puedes cambiar un sombrero por un tocado en las ceremonias religiosas, aunque en España es más tradicional el uso de mantilla para estas ocasiones.

> Si prefieres llevar una pamela, hazlo solo con un traje hasta la rodilla y en las celebraciones matinales.

[ protocolo en las ceremonias ] Si la boda es de mañana o a primera hora de la tarde, viste de corto (hasta la rodilla), o tipo cóctel (un poco por debajo de la rodilla). Durante el día podrás llevar mantillas, pamelas, tocados y complementos similares. Pero debes ser prudente y discreta para evitar llamar la atención. La elegancia es sinónimo de buen gusto y saber estar.

## 1.3. LOS PAÑUELOS Y LAS BUFANDAS

El pañuelo es un accesorio útil y, sobre todo, muy versátil. Además de ser muy femenino y elegante, cumple varios objetivos: te abriga, aporta un toque de acabado a la vestimenta y constituye un complemento útil que se combina con cualquier prenda formal o informal. Tiene el don de transformar un atuendo de serio a más desenfadado, o viceversa.

### Tipos de pañuelo

> **Pañuelo de bolsillo:** es muy elegante y da un toque de color a las chaquetas.

> **Bufanda:** protege del frío dando un toque sofisticado a un atuendo serio. Son muy buenas las de lana o cachemira.

> **Chal o echarpe:** son muy femeninos y elegantes. Conviene que tengas uno en tu fondo de armario con un tono neutro y un tejido de calidad para combinarlo en ocasiones más formales, y otro más informal, liso o estampado, para usarlo a diario.

**[ la corbata ]** Cada vez son más las mujeres que se atreven con el uso de este tipo de pañuelo, un artículo que por uso y tradición ha sido siempre muy masculino. Rompe las reglas y atrévete a lucir una corbata sin ningún complejo.

### Armonía entre el pañuelo y las prendas de vestir

Desde el punto de vista estilístico, el pañuelo es un elemento que te permite acercar al rostro aquellos colores que más te favorecen. Tenlo en cuenta la próxima vez que vayas a comprarte uno.

> Si tienes poco cuello o es ancho, no te ates los pañuelos alrededor de él. Si es corto y/o tienes el pecho voluminoso, deja que el pañuelo caiga desde el cuello por los hombros hasta la mitad de tu busto. Te será muy útil para disimular la parte alta de tu cuerpo.

> Si vas a anudarte un pañuelo alrededor del cuello, procura que su material o tejido sea suave y con buena cobertura. Para comprobar la calidad de un pañuelo, déjalo caer desde cierta altura y observa si su caída es suave (entonces, será de buena calidad) o rígida (de mala calidad). Dependiendo de cómo sea el tejido, el nudo quedará plano o voluminoso cuando te lo ates.

> Pruébatelo siempre delante de un espejo de cuerpo entero.

> Siempre que puedas, evita hacer el nudo o poner el estampado del dibujo sobre la parte del cuerpo que quieras obviar. De lo contrario, solo focalizarás la atención en esa zona.

[ alta y estilizada ] Los pañuelos largos pueden hacerte parecer más alta, si eres baja; y más esbelta, si tu constitución es corpulenta.

### 1.4. LOS GUANTES

Reservamos este complemento para protegernos del frío, para trabajar y, en ocasiones, para lucirlos en ciertas ceremonias solemnes.

### Tipos de guantes

> **Mitones:** dejan ver los dedos.

> **Largos:** guantes que cubren parte del brazo. Los popularizó en las pantallas Rita Hayworth en la película *Gilda*. Si vas a lucir un traje de máxima etiqueta con los brazos al aire, puedes llevar guantes largos de seda, satén o terciopelo.

> **Abrochados:** con botones o velcro.

> **Manoplas:** sin separaciones entre los dedos.

> **Simples:** suelen ser de lana, cuero, terciopelo, encaje, seda, etc., según la circunstancia en la que los uses.

> **Deportivos:** de lana o materiales impermeables para practicar deportes de invierno.

[ **cuestión de protocolo** ] Aunque quitarse los guantes al saludar es un acto de cortesía, las normas de protocolo dispensan de hacerlo a la mujer.

## 1.5. LAS MEDIAS

Se empezaron a utilizar en el siglo VIII, pero por entonces y durante mucho tiempo fue una prenda que permaneció oculta bajo las faldas. Recuerda que entonces las mujeres no podían enseñar las piernas. La gran revolución de las medias apareció con la introducción de la fibra sintética, que las hizo más finas y transparentes, y permitió que las piernas se lucieran cuando estuvo bien visto.

Las medias de otoño e invierno son gruesas, y las de primavera y verano, finas. Hay medias de diferentes tipos: las de pantalón con efecto reductor, con ligueros, *panty* media, hasta las rodillas, de rejilla, caladas y con múltiples dibujos y materiales.

Con trajes de vestir es mejor que uses medias sin dibujo y de un color clásico como el hueso, el tono natural de la piel, humo o negro. Te harán estar muy elegante.

Además de aportar mucha sensualidad a tu aspecto, ten en cuenta que las medias corrigen algunas imperfecciones, como las piernas gruesas y/o cortas.

### Armonía entre las medias y las prendas de vestir

> En actos formales, y aunque las piernas estén cubiertas o sea verano, se deben llevar medias como complemento de cualquier vestido.

> Desde el punto de vista estilístico, las medias oscuras estilizan unas piernas gruesas. Si no quieres que fijen la mirada en tus piernas te aconsejo que no las uses con estampados o dibujos.

> Si las vas a llevar en verano con zapatos descubiertos, asegúrate de que no tengan talón ni punta.

### 1.6. LOS CINTURONES

El cinturón femenino se abrocha en sentido inverso que el del hombre. Por lo general, marca la cintura y se pone con aquellas faldas o pantalones que tienen trabillas. En ocasiones, puedes llevarlo sobre las caderas como un elemento simplemente decorativo, para dar un toque especial al conjunto final de tu vestimenta.

Pueden ser de hilo, plástico, cuero u otras pieles; de cadena plateada o dorada; con tachuelas, estampados y decorados diversos; con cierre de hebilla; con correa decorativa; lisos, etc. Elige el que más se adapte a tus necesidades y a tu estilo.

### Armonía entre el cinturón y las prendas de vestir

Los cinturones se asientan en la zona de la cadera o la cintura y, aunque sientan muy bien a las personas con una cintura fina, también te favorecerán si tu cintura es ancha. Solo tienes que elegir adecuadamente el color y el ancho para que te quede ideal.

> Si tus caderas son anchas o tienes unos glúteos grandes, te conviene llevar cinturones oscuros y con acabados en mate porque estilizan más que los de colores claros y con brillo.

> Si no eres alta, evita el uso de cinturones anchos. Te van más los estrechos y, a ser posible, del mismo color que la falda o el pantalón que llevas.

> Un cinturón cuyo color contraste con la ropa es el más adecuado si tu cintura es estrecha.

[ **sin apretar** ] Un cinturón apretado hace una cintura estrecha, pero también destaca unos pechos o unas caderas voluminosas. Cuidado con resaltar esas partes de tu cuerpo que quieres disimular. Los efectos ópticos a veces juegan malas pasadas.

## 1.7. LAS JOYAS Y LA BISUTERÍA

Una joya es un adorno de oro, plata o platino con perlas o piedras preciosas o sin ellas. Los artículos de bisutería son objetos de adorno hechos con materiales no preciosos.

> Los metales blancos armonizan con los colores fríos (invierno y verano), mientras que los dorados van bien con los tonos cálidos (otoño y primavera). Te aconsejo los siguientes materiales para cada estación del año:

- Invierno: plata, platino, oro blanco, perlas blancas o grises, marfil o coral blanco y diamantes.
- Verano: los mismos metales blancos que para invierno y, además, el oro, las perlas y el coral rosados.
- Otoño y primavera: metales en tonalidades doradas, bronce, cobre y carey; también las perlas color crema, el ámbar y la esmeralda.

> Elige la joya más adecuada según la ocasión. Para ir a trabajar, evita los excesos. En fiestas o galas ponte joyas más sofisticadas, pero quítate el reloj de pulsera. Todo a la vez no va bien.

> La elección de estos complementos también está en función de dos aspectos. El primero, la forma de tu rostro: si tu cara es muy redonda, evita los pendientes de formas redondeadas. Y, el segundo, la ropa que lleves: la joyería debe adecuarse al estilo de tu vestimenta (clásica, *vintage*, bohemia, etc.).

> Las joyas actúan como captadores de atención, así que aléjalas de aquellas zonas de tu cuerpo que te resulten menos favorecedoras. Por ejemplo, si tienes mucho pecho y quieres disimularlo, no te pongas un broche sobre él.

**[ perlas ]** Algunos especialistas dicen que solo debes usarlas de noche y en invierno; si las llevas en primavera o verano, póntelas por la noche y en ocasiones muy formales.

## Los collares

Los collares destacan el pecho y el escote.

### Según su tamaño y forma

> Los collares planos y sin relieve son la mejor opción si eres una mujer corpulenta.

> Los rectangulares en forma de «V» favorecen las caras redondas.

> A los rostros con forma de corazón, redondos, cuadrados o angulosos les sientan bien los collares redondos.

> Los abalorios y las cuentas robustas acentúan el tamaño de quien las porta.

### Según su longitud

> Los collares que llegan hasta el medio del pecho te favorecerán si tu cuello es corto y tienes una cara redondeada.

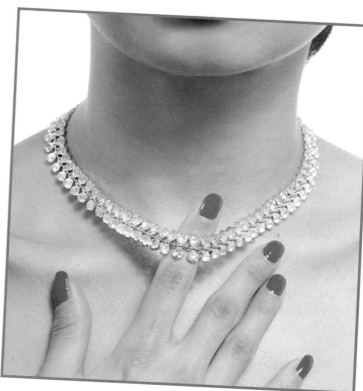

> Los collares largos son la mejor opción si tu cuello es corto y tus hombros, anchos. Pero, si quieres disimular un pecho grande o una barriga sobresaliente, evita que terminen sobre las partes que quieres disimular. Un collar que cae entre el pecho y la cintura produce el efecto óptico de hacerte parecer más alta si eres bajita.

> Los collares cortos o las gargantillas alrededor del cuello o la clavícula favorecen los cuellos largos y los rostros angulares.

## Los pendientes

Los pendientes iluminan la cara y ayudan a captar la atención para que las miradas no se detengan en otros rasgos menos atractivos. La elección de los pendientes puede ayudar a estilizar tu cuello y tu cara. Su tamaño debería contrarrestar el del rostro, y no añadirle más volumen. Los pendientes en forma de gota alargan el cuello y aportan un efecto óptico de altura; lo ideal es que pendan justo hasta la línea de la mandíbula.

Según sea tu rostro, te van a sentar mejor unos u otros:

> A los rostros ovalados no les quedan bien los pendientes redondos, de botón o los aros. En tu caso, te van a favorecer especialmente los pendientes largos y en forma de triángulo.

> A los rostros rectangulares les favorecen los pendientes redondos y con aros. Pero debes evitar los pendientes que enfatizan el largo de tu cara.

> A los redondos, les quedan fenomenal los pendientes que cuelgan rectos o los rectangulares. Sin embargo, evita los redondos o robustos pegados al lóbulo.

> Los rostros en forma de corazón están ideales con pendientes de estilos opuestos a su forma de óvalo. Evita los que acaban en punta porque no te quedan tan bien.

> Para los rostros cuadrados y angulosos, los pequeños, los que tienen forma oval y los aros son los mejores. Los grandes y robustos pueden ensanchar aún más tu cara.

## 1.8. Las gafas

Para elegir unas gafas, ten en cuenta:

**1.** Su forma

> Redondeadas: son adecuadas para todo tipo de óvalo, salvo el redondo.

> Alargadas a lo ancho: son las mejores para los óvalos alargados.

> Alargadas a lo largo: no te irán bien si tu óvalo es alargado.

> Elevadas en la zona temporal (laterales): estilizan el óvalo y centran la atención hacia el peinado.

> Cuadradas: compensan los rasgos de los óvalos redondos y, por eso, no sientan muy bien a los rostros cuadrados.

**2.** El material

Pueden ser metálicas, al aire (sin monturas) o de pasta.

**3.** Su grosor

Cuanto más gruesa sea la montura de tus gafas, más destacará tus rasgos faciales.

**4.** Su color

Los colores cálidos (amarillos, rojos, naranjas) resaltan los rasgos y comunican acercamiento. Por el contrario, los fríos (azules, morados…) suavizan las facciones y dan un cierto aire de distanciamiento.

[ **protocolo** ] Utiliza las gafas de sol solo en espacios abiertos. Como norma de educación, te las tienes que quitar cuando te diriges a alguien, y siempre que estés en un espacio cerrado. No las dejes sobre la mesa de un restaurante mientras comas y tampoco te las pongas a modo de diadema sobre la cabeza.

# 2) ARMONÍA ENTRE LOS COMPLEMENTOS Y LA INDUMENTARIA

> Pon atención a estos consejos:

- El color: busca la misma gama de tonalidades o el contraste adecuado. Por ejemplo, no te pongas un pañuelo rosa atado al cuello con una camiseta roja.

- La textura: han de ser compatibles. Por ejemplo, no va nada bien un bolso de lana con una camiseta de lino.

- El volumen: los complementos tienen que estar proporcionados a tu silueta. Si eres bajita, no lleves un bolso muy grande.

- El estilo: los complementos y el vestuario deben tener el mismo estilo. Por ejemplo, con un atuendo de trabajo formal, como un traje de chaqueta, no lleves un bolso *hippie*.

> El negro es el color que mejor se adapta a todo. Ofrece infinitas posibilidades, pues tu imagen puede cambiar radicalmente según la combines con distintos complementos: desde pañuelos estampados o jerséis de colores hasta accesorios multicromáticos. El negro es un básico esencial, elegante y bello, y se considera el color por excelencia de la noche y de la oscuridad. Siempre ten prendas negras a mano, son muy socorridas.

> Los tonos neutros te ofrecen infinitas posibilidades para hacer combinaciones:

- El negro, con cualquier tonalidad oscura, es ideal para la noche y el invierno.

- El gris, en sus diferentes gamas, es muy elegante junto al negro, el rojo y el blanco. No lo lleves nunca con marrón.

- Los tonos azules, como el azul marino, van bien con el blanco, incluso en invierno, y con grises claros.

- El rojo con negro es una apuesta fuerte y arriesgada, pero la combinación de tonos rojos con grises y marrones es más fácil.

- Los tonos pastel van muy bien con neutros, como el blanco y el gris, y con el azul marino.

- Respecto a los tonos fuertes o flúor, puede sentarte bien la mezcla de marrón o negro con naranja, azul turquesa o amarillo cítrico, o de marrón caqui y naranja flúor, etc.

- Los tonos *camel* combinan bien con el resto de la gama de marrones, el granate y algún verde (como el verde botella).

[ **combinaciones armoniosas** ] Como regla general, no mezcles dos tipos de estampados, ni las rayas con los lunares, ni los *tweed* con las flores o los cuadros. Para la primavera o el verano son más adecuados los estampados florales y los lunares; deja los cuadros y el *tweed* para el invierno. Las rayas diagonales, transversales u horizontales son más intemporales, aunque al estilo marinero son más veraniegas y las verticales resultan más otoñales.

# 3) ¿CÓMO LUCIR BIEN LOS COMPLEMENTOS?

Para elegir bien un complemento tienes que tener en cuenta el momento del día y la situación en la que lo vas a lucir. Lo que es adecuado para un acto puede resultar pretencioso o exagerado en otro.

Por las mañanas, el uso de los accesorios debe hacer gala de una elegante discreción. Busca la sencillez práctica con bolsos capaces de llevarlo todo, zapatos cómodos, cinturones que no aprieten demasiado y pañuelos discretos.

Sin embargo, por la noche puedes lucir accesorios más sofisticados. Déjate llevar por tu intuición y la elegancia.

# Recuerda

1. Los complementos son los accesorios que acompañan a nuestro vestuario y revelan mucha información sobre cómo somos.

2. Busca complementos cómodos, prácticos y convenientes. Su forma, los colores, la textura y otras características dependerán de cómo sea tu figura. Aprovéchalos para estar radiante.

3. Elige los tejidos y los materiales de tus complementos según el momento del día, la situación y la estación del año en los que los vas a lucir. Es fundamental estar guapa, pero siempre sin dar la nota.

4. Lo primordial de los complementos es que además de no perder el objeto de su función te sienten bien y contribuyan a que te veas mejor.

5. Debes elegir los complementos con la misma minuciosidad que escoges tu ropa.

6. Recuerda que un complemento adecuado para un acto concreto puede resultar exagerado en otro.

# LOS COLORES QUE TE FAVORECEN

> Los colores están cargados de simbolismo y suscitan distintas reacciones. Según el color que elijas en cada momento estarás aportando a tu interlocutor información sobre tus gustos personales, estado anímico, etc. Tendrás que tener en cuenta con qué color te vistes para causar una buena impresión en una entrevista de trabajo, hacer que el chico que te gusta se fije en ti en la próxima cena de amigos o no acentuar la palidez y apariencia de cansancio de tu rostro.

LOS colores nos afectan psíquica y físicamente, influyen en nuestro comportamiento o estado de ánimo. La psicología del color analiza el efecto del color en la percepción y la conducta humana.

El precursor de este campo fue el poeta y científico alemán Johann Wolfgang von Goethe (1749-1832), que estudió las modificaciones fisiológicas y psicológicas que sufre el ser humano ante diferentes colores. Goethe desarrolló un triángulo con los tres colores primarios (rojo, amarillo y azul) que después lo comparó con el diagrama de la mente: cada color lo relacionó con ciertas emociones y sensaciones. En general, los colores cálidos nos alegran y estimulan; los fríos nos transmiten calma y serenidad.

# 1) EL COLOR SÍ IMPORTA

«De todo lo que he hecho como poeta, no obtengo vanidad alguna.

He tenido como contemporáneos buenos poetas,

han vivido aún mejores antes que yo y vivirán otros después.

Pero haber sido en mi siglo el único que ha visto claro en esta ciencia difícil

de los colores, de ello me vanaglorio, y soy consciente de ser superior a muchos sabios».

Johann W. Goethe

## 1.1. LA PSICOLOGÍA DE LOS COLORES

> **El negro:** se considera bello, elegante, sofisticado, eterno, sexy, atractivo, practico y simple. Proporciona seguridad y confianza y, además, es el color estrella para disimular pequeñas imperfecciones corporales y mitigar los defectos de una prenda mal confeccionada o mal cortada. Es un color que no pasa de moda, que va con todo y que es fácil de mantener después del uso. Puedes llevarlo todo el año. Es un color protocolario y también está asociado al miedo. Como tiene  tantas ventajas, algunas personas abusan de él y van de negro de arriba abajo todos los días. No debes olvidar que en exceso puede resultar un color aburrido y fúnebre.

> **El blanco:** se relaciona con la pureza, la inocencia y la bondad. Simboliza la paz y la asepsia. Es un color fresco, puro y asociado a la máxima autoridad. Es más difícil de mantener que otros colores porque se ensucia fácilmente. Puede resultar frío y simple.

> **El rojo:** se asocia al esfuerzo en el ámbito deportivo y, en general, es un color que transmite emociones fuertes. También es un color sexy y erótico, y funciona bien si no te importa ser el centro de atención. No te lo recomiendo para una entrevista de trabajo: puede transmitir prepotencia y agresividad.

> **El azul:** transmite amistad, pureza y dulzura. En Grecia, la Edad Media y el Renacimiento era el color que más usaban los reyes como símbolo de su poder.

> **El azul marino y el gris:** son los más aceptados en los sectores político, ejecutivo y financiero. Son tradicionales e inspiran estabilidad y control, aunque al mismo tiempo pueden resultar sosos y demasiado conservadores. Acertarás si los eliges para acudir a una entrevista de trabajo y optas a un puesto de dirección.

> **El amarillo:** su visión estimula nuestro intelecto. Se le conoce como el color de la memoria, pues según dicen si lees un texto negro sobre un fondo amarillo, memorizarás más fácilmente el contenido que si el texto está sobre un fondo de otro color. Se utiliza para captar la mirada; por ejemplo, en los logotipos. Transmite espontaneidad, alegría, sabiduría, y en altas dosis provoca ansiedad. En el mundo del teatro se relaciona con la mala suerte: Moliere murió en el escenario vestido de amarillo.

> **El naranja:** es un color alegre, y sugiere dinamismo y creatividad. Es perfecto como antidepresivo y se le conoce como el color vitamina.

> **El verde:** sugiere pureza y frescor. Es el color de la vida, el crecimiento, la naturaleza y la fertilidad. Se asocia con la calma, la ecología y la salud.

> **El violeta:** simboliza la espiritualidad, la magia, la meditación y la creatividad. Se asocia a la música, el arte, el misterio, la belleza y los grandes ideales que nos inspiran sensibilidad. En sus tonalidades más oscuras es muy solemne y sugiere actos fúnebres; en las más claras, como el lavanda, evoca romanticismo.

> **El rosa:** apacigua la agresividad. Es un símbolo de feminidad y el color de la ternura.

> **El marrón:** nos recuerda al hogar y sugiere estabilidad. Pero también trasmite falta de autoridad. Evítalo si tienes un puesto de dirección.

## 1.2. El test del color

Si usas los colores correctos, primero se fijarán en ti y después en lo que llevas puesto. Los colores que te favorecen reflejan tu piel saludable, brillante y fresca, y unos ojos con luz propia. Los que no te van te harán parecer cansada, pálida, con ojeras y manchas oscuras en la piel.

Sitúate en una habitación bien iluminada delante de un espejo, vístete con pañuelos de diferentes colores, en tonos fríos y cálidos, y observa cómo cambia tu expresión facial con las distintas gamas. Cuando adquieras un brillo saludable y esplendor en los ojos, habrás dado con tu color.

## 1.3. El color de los tejidos en función de tu figura

El color de los tejidos puede potenciar tus virtudes corporales o sacar a relucir posibles imperfecciones:

> Los tejidos de color oscuro estilizan, y los de colores claros aportan volumen.

> Los tejidos lisos estilizan, mientras que los estampados, en general, dan la impresión de mayor volumen.

> Los estampados de rayas verticales o espiga aportan esbeltez y altura. Los florales, de lunares, de cuadros, de rayas horizontales o de pata de gallo aportan volumen. Los geométricos compensan las partes del cuerpo más redondeadas.

> Los colores con brillo aumentan las proporciones corporales; los mate, estilizan.

> En general, el monocromatismo estiliza la figura, aunque la combinación de dos colores adecuados te resultará muy útil si eres bajita y quieres ganar altura ópticamente.

## 2 ) TEORÍA DE LAS ESTACIONES DEL AÑO

¿Hay días en que te ves estupenda y otros en los que pasas desapercibida? Si eres capaz de encontrar los colores que mejor te sientan podrás proyectar una imagen espléndida.

En otoño y primavera reinan los colores cálidos; mientras que en invierno y verano, los fríos.

Las personas tenemos un tipo de color determinado y complementario a una de estas paletas estacionales. Tu tono de piel y tu color de ojos y cabello definen a qué estación perteneces y los colores que más te favorecen.

## Tipología otoño

| Color de la piel | Color del cabello | Color de ojos |
|---|---|---|
| Marfil (puede que tengas pecas). | Castaño dorado o rojizo. | Castaño oscuro, dorado o claro dorado. |
| Melocotón (puede que tengas pecas). | Pelirrojo. | Ámbar. |
| *Beige* dorado oscuro o cobrizo. | Rubio dorado. | Verde claro, pálido, oliva o con manchitas. |
| Negro (dorado). | Negro carbón o gris dorado. | Azul (con matiz turquesa, aguamarina o agrisado). |
| **Nota:** No tienes las mejillas sonrosadas. | **Nota:** Los pelirrojos suelen pertenecer a esta estación, aunque algunos son de la tipología primavera. | |

| Favorecen | | No favorecen | |
|---|---|---|---|
| BLANCO | Perla. | AZUL | Evitar el turquesa, el azul verdoso y el regio. |
| *BEIGE* | Dorados y terrosos, pero evitar el *beige* agrisado. | ROSA | |
| VERDE | Verde amarillento, oliva, musgo, hierba, especialmente el verde selva. | VINO TINTO | |
| CASTAÑOS Y TOSTADOS | Marrón en todas sus tonalidades: café, caoba, tostado, bronceado y muy especialmente el chocolate. | MORADO | |
| NARANJA | En todas sus tonalidades: salmón, melocotón o naranja brillante. | AZUL MARINO | |
| ROJO | Rojo anaranjado. | NEGRO | |
| AMARILLO | Amarillo dorado, terracota y mostaza. | | |
| DORADO | En todas sus tonalidades. | | |

## Tipología primavera

| Color de la piel | Color del cabello | Color de ojos |
|---|---|---|
| Marfil (puede que tengas pecas doradas). Melocotón rosado. *Beige* dorado. **Nota:** Puedes tener las mejillas sonrosadas y el cutis de textura fina y delicada. | Rubio claro o dorado. Gris dorado. Pelirrojo claro. Castaño rojizo o dorado. Negro rojizo, aunque es muy poco común. **Nota:** El rubio de la niñez suele oscurecerse con la edad. | Azul claro, agrisado o brillante turquesa. Ámbar. Verde claro, pálido, oliva o con manchitas. Azul (con matiz turquesa, aguamarina o agrisado). |

| Favorecen | | No favorecen |
|---|---|---|
| BLANCO | Marfil, crema y agrisado. | AZUL MARINO |
| *BEIGE* | Claros y crema. | VINO TINTO |
| GRIS | Gris cálido, claro, amarillento. | NEGRO |
| CASTAÑOS Y TOSTADOS | Castaños dorados y tostados claros. | |
| AZUL | Azul regio claro o medio, aguamarina y turquesa claro. | |
| VERDE | Verde amarillento, pastel mediano o brillantes. | |
| NARANJA | Anaranjados claros, albaricoque, coral, salmón. | |
| ROSA | Rosados amarillentos o melocotón. | |
| ROJO | Rojo anaranjado y rojo claro o pálido. | |
| AMARILLO DORADO | Amarillo dorado subido o brillante. Dorado pálido o brillante. | |
| MORADO | Violeta azulado. | |

## Tipología invierno

| Color de la piel | Color del cabello | Color de ojos |
|---|---|---|
| *Beige* topo o *beige* rosado. Con pecas, muy blanca. Olivácea. Negro (con sugerencia azulada). | Negro (azulado). Castaño (reflejos rojizos) u oscuro. Gris plateado. Rubio blanco (poco común o blanco). | Castaño rojizo, claro dorado o negro. Azul agrisado. Azul oscuro. Verde agrisado. |

| Favorecen | | No favorecen | |
|---|---|---|---|
| BLANCO | Puro. Debe ser suave si tu tez es muy clara. | *BEIGE* | Evitar los *beiges* o rosados amarillentos. |
| GRIS | Grises: toda su gama de suaves, en especial los grises azulados. | CASTAÑOS Y TOSTADOS | |
| NEGRO | Negro puro. Suavizar si eres de piel muy clara. | NARANJA | |
| AZUL MARINO | Todos. | DORADO | |
| AZUL | Helado, regio, chino, turquesa y aguamarina. | | |
| VERDE | Puro, esmeralda. | | |
| ROSA | Rosados pastel o más subidos y azulados. | | |
| ROJO | Puro y azulado. | | |
| VINO TINTO | Brillante. | | |
| AMARILLO | Amarillo limón, muy claro. | | |
| MORADO | Violeta. | | |

## Tipología verano

| Color de la piel | Color del cabello | Color de ojos |
|---|---|---|
| *Beige* pálido o rosado.<br>Muy rosada.<br>Rosada con pecas de color castaño oscuro. | Rubio platino o rubio ceniza.<br>Castaño oscuro o claro con reflejos rojizos.<br>Gris azulado.<br>**Nota:** En la niñez, el pelo es rubio claro o ceniza y al crecer adquiere un tono grisáceo ratón. | Azul claro brillante, agrisado o con reborde gris.<br>Verde agrisado, o con reborde gris.<br>Castaño dorado claro.<br>Aguamarina. |

| Favorecen | | No favorecen |
|---|---|---|
| BLANCO | Suave. Evitar el blanco puro. | NEGRO |
| *BEIGE* | Rosados. Evitar los *beiges* amarillentos. | DORADO |
| GRIS | Grises: toda su gama de suaves, en especial los grises azulados. | NARANJA |
| CASTAÑOS Y TOSTADOS | Castaños rosados o cacao. Evitar el marrón oscuro y chocolate. | |
| AZUL | Azul marino agrisado: más suave que el azul marino de invierno. Toda la gama de azules, salvo el azul regio o chino. | |
| VERDE | Verde azulado o pastel. | |
| ROSA | Rosados pastel o más subidos y azulados. | |
| AMARILLO | Amarillo limón y claro. | |
| VINO TINTO | Vino tinto, aunque no si eres rubia. | |
| ROJO | Frambuesa, azulado y el color fresa con tendencia a coral. | |
| MORADO | Ciruela, malva, lila. Si eres rubia, solo utiliza su gama más clara. | |

# Recuerda

**1.** Si llevas los colores correctos, primero se fijarán en ti y luego en la indumentaria que vistes.

**2.** Los colores que te favorecen hacen que tu piel se vea saludable, brillante y fresca, y que tus ojos tengan una luz especial. Para estar espléndida tienes que saber cuáles son los tuyos.

**3.** Con la ayuda de los colores y las texturas de las prendas podemos corregir algunas desarmonías corporales o faciales. Si quieres verte estilizada, utiliza colores oscuros, tejidos lisos o con rayas verticales o vístete de un único color. Por el contrario, si quieres dar volumen a tu figura, luce colores claros, estampados y tejidos brillantes.

**4.** Los colores están cargados de simbolismo y suscitan distintas reacciones.

**5.** Los colores nos afectan psíquica y físicamente, influyen en nuestro comportamiento o estado de ánimo.

**6.** Si eres capaz de encontrar los colores que mejor te sientan y los utilizas correctamente, podrás proyectar una imagen espléndida.

**7.** Recuerda que tu tono de piel y tu color de ojos y cabello definen a qué estación perteneces y, por tanto, los colores que más te favorecen.

# UN ARMARIO PRÁCTICO

> Tener un buen fondo de armario te evitará la preocupación de no saber qué ponerte para cada ocasión. La clave está en salir de compras y pensar previamente qué prendas necesitas y en cuáles deberías invertir porque amortizarás el gasto. Será importante que no caigas en el error de comprar por impulso para no tirar el dinero a la basura. Si, poco a poco, logras tener un fondo de armario bien pensado no tendrás ningún problema en verte estupenda en cualquier situación.

UN correcto fondo de armario te ofrece la posibilidad de verte elegante, sentirte segura y ahorrar tiempo y dinero.
Con algunas prendas clave irás vestida de forma adecuada y cubrirás tus necesidades laborales y sociales sin necesidad de emplear mucho tiempo.

El fondo de armario debe estar acorde con tu estilo y ser intemporal. Conviene que las prendas sean de la mayor calidad posible dentro de tu presupuesto económico. Tienen que ofrecerte múltiples combinaciones, huir de modas pasajeras y trascender el tiempo, aunque también podrás tener alguna de las últimas tendencias. Y algo importante: conviene que puedas usarlas en cualquier momento del año.

# 1 EL FONDO DE ARMARIO

> «Considero que es vital tener un tipo de bolso
> para cada una de las diez ocasiones sociales (...)».
>
> Miss Piggy

Para crear tu fondo de armario deberás tener en cuenta tu estilo y comprar los accesorios y las prendas básicas que sienten bien a tu figura. Su composición depende de tu estilo de vida y tu situación familiar y laboral.

## 1.1. ¿QUÉ DEBES TENER?

> Ropa, complementos y zapatos de colores básicos o neutros y de tejidos intemporales.

> Prendas específicas para cada estación del año. Las prendas de invierno son de tonos oscuros y tejidos gruesos, y las de verano, de tonos claros y tejidos más ligeros.

> Prendas que sienten bien a tu figura.

### Consejos para tener el fondo de armario siempre a punto

> Añadir alguna prenda básica de buena calidad.

> Retirar las que se hayan pasado de moda y ya no utilices.

> Conservar las que más encajen con tu estilo.

> Renovar las que no están pasadas de moda y sigas utilizando.

> Eliminar las que ya no te pones porque son inadecuadas y/o incómodas, están mal conservadas, la talla no corresponde a tu actual figura, etc.

[ stop al tiempo ]

Algunas prendas intemporales son las camisetas, las faldas tejanas y de gasa, una camisa blanca de manga larga, un bolso de cuero, un chal de seda, unos vaqueros, un pantalón negro de lana fría, algún jersey o chaqueta de punto o de algodón con un color neutro, unos zapatos tipo mocasín y un vestido de gasa negro.

## 1.2. Un guardarropa estándar

El estilo de vida y las actividades sociolaborales y familiares de cada uno determinan su «guardarropa básico». Un estándar consta de las siguientes prendas:

### Traje de chaqueta

De estilo clásico, corte sastre y tejido intemporal. Conviene que el color sea básico y neutro (*beige*, azul marino o negro). Este último color es la mejor opción: es discreto, estiliza y no pasa de moda. Si compras para la misma chaqueta el pantalón y la falda, tendrás muchas más combinaciones.

### Vestidos

> Uno de corte clásico y estilo sencillo, liso y sin adornos; con un tejido intemporal (lana fría, gabardina o gasa); y un color de la gama de los básicos de cada estación (el negro siempre es una buena opción). Su forma dependerá de tu figura, pero el largo debe ser hasta la rodilla o justo por debajo. Ha de ser versátil, intemporal y adaptable. Si es de seda o terciopelo, solo te servirá para las ocasiones formales.

> Otro más actual, estampado o liso, de colores más llamativos y un estilo más personal.

[ **según los complementos** ] Conviene que puedas combinar los vestidos de tu fondo de armario de muchas maneras en función del aspecto final que desees. Si lo llevas con una chaqueta básica o de fiesta y unas sandalias o zapatos de tacón, tu estilo será más formal; si lo combinas con una cazadora vaquera o de cuero, con un chal, collares de bisutería, un cinturón y un bolso menos serio, le darás un aire más informal.

### Faldas

> Una falda semiformal de tejido ligero y estilo clásico. El corte será el que te resulte más favorecedor, según tu tipología corporal, pero siempre con un largo discreto. Es preferible que sea lisa y de color negro o un tono neutro para que contraste bien con otras prendas.

> Otra más informal de tejido sencillo, que puede tener más colorido y ser estampada.

### Pantalones

> Uno de vestir con un tejido ligero y corte clásico. Es mejor que sea liso y con un tono neutro para contrastarlo con otras prendas de tu armario. También puede servirte para ir a trabajar y para asistir a una cena semiformal.

> Un pantalón formal o festivo, de tejidos como el raso, el crepé o la seda, en tono clásico y neutro. Conviene que lo combines con una blusa o un top de vestir. El color más socorrido es, como siempre, el negro.

> Un pantalón informal y más versátil, preferiblemente de tejido natural tipo algodón o lana. Los colores ideales son los básicos, aunque si lo prefieres puedes optar por uno más llamativo. Úsalo los fines de semana y en algunas ocasiones informales.

> Unos tejanos o vaqueros, no muy desgastados y de color uniforme: el clásico color *denim*, más conocido como azul vaquero oscuro. Búscalos muy cómodos y que se adapten bien a tu figura.

## Jerséis

Sirven para trabajar, salir a cenar, estar en casa, etc., y son cómodos y fáciles de combinar. Los básicos son indispensables. Te recomiendo al menos dos: uno con forma clásica en tonos neutros y básicos como el negro, azul marino, crudo o *beige*; y otro con un estilo y color que te favorezcan de verdad. Es difícil encontrar un jersey intemporal, así que tendrás que tener un jersey de verano en tejidos propios de la estación (algodón o punto) y de manga corta, y otro de invierno, de tejido cálido como la cachemira. Tendrás que fijarte en si el jersey y la chaqueta que tengas combinan con los pantalones, faldas y tejanos de tu fondo de armario. Procura que, poco a poco, todo se pueda intercambiar en función de la ocasión o cita.

## Chaquetas

> Es imprescindible una chaqueta de tono neutro y básico, como el negro, crudo o *beige*, y de estilo sencillo. Esta prenda es un comodín para ponértela con vestidos, faldas y pantalones. Las chaquetas en azul marino o *camel* combinan muy bien tanto para ocasiones informales como para ir a trabajar.

> Si es posible, ten a mano una chaqueta de cachemira, un tejido cómodo y muy cálido. Una variante de la chaqueta y/o el jersey es el llamado *twin set*, formado por dos piezas: la rebeca o chaqueta y la camiseta o jersey de diferentes mangas.

> Una chaqueta tipo *blazer*, de lana, franela o sarga que puedas combinar perfectamente con unos pantalones. Es ideal para ir a trabajar o para ocasiones informales y actividades de ocio. Te sacará de más de un apuro.

### Camisas

Según el material, sirven mejor para una ocasión formal o informal. Te aconsejo que tengas al menos:

> Una camisa más formal de poliéster o seda, de corte sastre con manga larga. Conviene que sea sencilla y de tonos lisos, neutros o básicos para facilitar las combinaciones con el resto de tu ropa. La de color blanco es la que más juego te va a hacer, te permitirá todo tipo de combinaciones.

> Una camisa más informal, de tejido estampado o liso. No tiene por qué ser de tonalidades neutras. Un estándar es la camisa de popelín.

> Una blusa de vestir de buen tejido, con algún adorno o lisa, y de color neutro o un poco llamativo que puedas ponerte con un pantalón en un cóctel o con una falda larga de vestir. Si su tejido no es brillante o con adornos, te ofrece más posibilidades para combinarla con una chaqueta más informal, y puedes llevarla al trabajo o a algún evento de día. Si lo prefieres, puedes sustituir esta blusa de vestir por una camiseta o un top formales. ¡Te sentarán igual de bien!

### Camisetas

Es preferible que sean lisas y en tonos como el blanco, negro, marrón, azul marino, etc. Las básicas de algodón en varios colores te servirán para combinarlas con pantalones o faldas informales, y alguna más especial para ocasiones más formales, con un pantalón o una falda más elegantes. Otra alternativa a la camiseta informal es el polo, una prenda deportiva que no solo se usa para hacer deporte. ¡Deshazte de las que son publicitarias!

111

## Prendas de abrigo

Son imprescindibles, sobre todo en los países de clima frío. Algunas prendas básicas de abrigo son:

> Un abrigo negro, marrón o *beige*, largo o corto, aunque procura que cubra hasta el largo de la falda. Conviene que sea suficientemente elegante para poder utilizarlo en ocasiones formales.

> Un abrigo tres cuartos, de lana o tipo anorak. Este último resulta muy cálido y adecuado para los días de mucho frío y para las ocasiones informales.

> Una gabardina, *trench* o impermeable en tonos neutros. Ideal para las estaciones de entretiempo.

> Una cazadora vaquera, muy versátil por sus infinitas combinaciones, aunque es mejor que no te la pongas con vaqueros, ¡demasiados tejidos iguales! Es un complemento ideal para una indumentaria informal y de fin de semana.

> Una chaqueta de piel, oscura o de color cuero, torera o tipo *blazer*. Si es de terciopelo, también te servirá para ocasiones más formales.

[ **prendas delicadas** ] Si tienes una chaqueta de terciopelo, introduce papel de seda en las mangas y cúbrela con una funda de tela. Si se trata de una blusa de seda, cuélgala en una percha con brazos anchos para que no se deforme. Si lo que vas a guardar está doblado y quieres protegerlo del resto, utiliza bolsas de tela, nunca de plástico.

## Complementos básicos

### > Bolsos

Te recomiendo que tengas uno negro, marrón o crudo, los básicos, que podrás combinar con todo. Conviene que sean de tamaño estándar para diario, otro más informal y otro de fiesta tipo cartera. Recuerda que los de cuero son intemporales, pero no te sirven para ir de etiqueta.

### > Joyas

- Collares: el collar de perlas es básico y puede ser corto, mediano o largo. Además también te recomiendo una cadena larga o corta de oro o plata, una gargantilla tejida en oro, plata o brillantes, algo de bisutería y un collar de materiales naturales para el verano. Elige el largo que más te favorezca según tus características corporales.

- Pendientes: son básicos los redondos de perlas, los de broche de oro o plata, las argollas de oro o plata y los pendientes de circonita o brillantes.

  Antes los pendientes con formas alargadas se consideraban formales, pero actualmente se usan mucho a diario, sobre todo con materiales sencillos y de bisutería.

- También podrás lucir en las distintas ocasiones: anillos, pulseras de madera, de plástico, broches, artículos de bisutería variada, etc.

## > Pañuelos o fulares

Si te gusta llevarlos, conviene que tengas al menos uno de colores y dibujos según la estación del año en que los usas.

## > Chales

Es un complemento útil que, en función de su tejido, puedes combinar con vaqueros o vestidos de fiesta. Te recomiendo uno en tono neutro y con un tejido de calidad para combinarlo en ocasiones más formales y otro más informal liso o estampado que te sirva para el día a día. Los básicos son de color negro para el otoño e invierno y *beige* o crudo para la primavera y el verano. Si te gustan mucho, puedes incluso tener otro de un color más intenso para dar un toque de color al vestido negro básico.

## > Cinturones

Son decorativos y funcionales. Necesitarás un cinturón negro para combinar con el pantalón de corte clásico y/o la falda básica y otro de cuero liso o con algún detalle de fantasía para los vestidos, tejanos, etc. Es un complemento fundamental.

## > Guantes

Conviene que tengas un par de guantes de piel y otros largos de material de fiesta. Los colores básicos de los guantes son negro, *camel*, gris, tostado o blanco. Reserva este último para las ocasiones especiales, ¡te lucirás con ellos!

## > Otros complementos

Siempre es aconsejable tener algún otro complemento que nos aporte elegancia y distinción según la ocasión en la que lo usemos. Algunos son unas gafas de sol, un gorro de lluvia y otro de *sport*, un paraguas, etc. Su forma y material dependerá de con qué los combines.

### Calzado

> Un zapato clásico cerrado de medio tacón puedes llevarlo en cualquier ocasión, incluso si es un acto más formal, sobre todo si son de un color discreto. Además, si aciertas con la piel y un corte abierto, te servirán para todas las estaciones. El básico es el negro, aunque también están los marrón chocolate. Combínalos con un traje de chaqueta, un vestido de noche, una falda de tubo, vaqueros, etc. ¡Estarás estupenda!

> Un zapato plano y cómodo tipo mocasín o bailarina para usar con un traje de chaqueta o con unos tejanos. Son más informales pero visten mucho.

> Unas sandalias de tacón para combinar con vestidos de noche, vaqueros, etc.

> Las botas de caña alta y tacón alto o planas son otro básico. Las más prácticas son negras o marrón chocolate, que van con todo. Si tus piernas son anchas las estilizarán ópticamente.

> Un par de zapatillas de deporte.

[ ¿mojado? ] Recuerda que el calzado solo puede ser cómodo si está completamente seco. Si padeces una excesiva sudoración de los pies o por cualquier motivo se mojan, nunca los guardes en el armario hasta que no estén bien secos. Para ello, utiliza papel de periódico y déjalo descansar al menos durante un día. Nunca los seques con una fuente de calor directa, como un radiador, si no quieres que se deformen o se estropeen.

## 2 CRITERIOS PARA SELECCIONAR LOS TEJIDOS SEGÚN TU FIGURA

> El peso y la caída de un tejido condicionan la linealidad y el movimiento de las prendas. Los tejidos más gruesos aportan volumen a la prenda y, por consiguiente, al cuerpo.

> Los tejidos de color oscuro estilizan, y los de colores claros aportan volumen.

> Los tejidos lisos estilizan, mientras que los estampados, en general, crean una impresión de mayor volumen.

> Los estampados de rayas verticales o espiga aportan esbeltez y altura. Los florales, de lunares, de cuadros, las rayas horizontales o el dibujo de pata de gallo aportan volumen.

> Los tejidos que por su acabado o textura aportan volumen son los brocados, el encaje y el terciopelo.

## 3 CONSEJOS PARA EL CUIDADO DE TU ROPA

Antes de guardar la ropa en el armario, comprueba que:

> No tiene ninguna mancha. No te olvides de vaciar la suciedad de las vueltas de los pantalones.

> No tiene ningún desperfecto. Es mejor arreglar las prendas antes de guardarlas.

> Están vacíos todos los bolsillos.

> Los trajes, pantalones y corbatas están listos después de pasarles un cepillo de cerdas naturales. Recuerda que también tienes que cepillar el interior de las prendas.

> Evita guardar la ropa en bolsas de plástico y colgarla demasiado apretada en el armario para que no aparezcan olores, manchas de moho o polillas. Te recomiendo las bolsas de tela para guardar tus prendas. Ya verás cómo en la siguiente temporada están como si no hubiese pasado el tiempo.

# Recuerda

**1.** Un buen diseño de fondo de armario te ofrece la posibilidad de verte elegante, sentirte segura y ahorrar tiempo y dinero.

**2.** El fondo de armario siempre debe estar acorde con tu estilo y ser intemporal. Así podrás verte bien en cada momento.

**3.** Antes de comprar nada, piensa cuál es tu estilo de vida y tu situación familiar y laboral. Sabrás exactamente qué necesitas.

**4.** Organiza tu armario y recuerda que conviene añadir, retirar, conservar, renovar y eliminar ropa con cierta periodicidad.

**5.** Antes de guardar tu ropa, comprueba que no tiene ninguna mancha o desperfecto y que sus bolsillos están vacíos. Cepíllala si es necesario y utiliza bolsas de tela para guardar las prendas más delicadas. Así estarán impecables y listas para usar la temporada siguiente.

**6.** Un armario bien organizado te permite encontrar siempre las prendas que necesitas y, además, consigues que se mantengan en buen estado. Si sigues unos cuidados generales sencillos y fáciles, tendrás perfecta toda tu ropa y te durará mucho tiempo.

# ¿CÓMO VESTIRTE PARA...?

> Las combinaciones que durante mucho tiempo se han considerado
poco elegantes están ahora de moda: cuadros escoceses con rayas, flores
con lunares, rojo con naranja o rosa, etc. Pero, por muy individualista
y permisiva que sea la moda, no puedes olvidarte de que siguen existiendo,
especialmente en determinados sectores, ciertas normas de protocolo.
Tienes que conocerlas para estar perfecta en cada momento.

CÓMO te vistas dependerá de tus hábitos de vida, tu actividad laboral y tu vida social. Ante un evento concreto, ten en cuenta los siguientes aspectos:

> La estación del año y la hora del día. Las únicas reglas las determina la lógica y el gusto personal. Elige no solo lo que mejor te sienta, sino también lo que no desentona con el resto.

> El sitio. Si es un país extranjero, te aconsejo que conozcas su cultura para que tu indumentaria no sea inapropiada. La mantilla española, por ejemplo, se usa en las ceremonias formales de España, pero es raro verla en algún otro país.

> El tipo de evento o actividad. No es lo mismo una reunión de trabajo que de ocio, o un acto formal que uno semiformal o, más aún, uno de etiqueta.

## 1) VÍSTETE SEGÚN LA ESTACIÓN DEL AÑO

«El estilo es una habilidad innata de comunicar
tu propia personalidad a través de lo que llevas puesto».

Dries van Noten

Fíjate en qué telas y tejidos son los más adecuados para cada estación:

> **En otoño o invierno:** tejidos cálidos como la lana, la franela y el algodón gruesos, la seda, el punto grueso, el crepé, la cachemira, el cuero, la napa, el poliéster, la pana, el ante, el terciopelo, las pieles con pelo y la seda salvaje o muselina.

> **En primavera:** telas de calidez intermedia, suaves y frescas como el punto fino, el raso, el hilo, la alpaca, la lana fría, la seda salvaje, la seda china o el poliéster.

> **En verano:** telas frescas o absorbentes como el rayón, el acetato, la *lycra*, el lino, la organza, la gasa, la viscosa, la seda, el algodón o el punto.

## 2) VÍSTETE EN FUNCIÓN DEL ACTO O LA SITUACIÓN

En los últimos años, la moda se ha vuelto un poco anárquica y existe un amplio abanico de posibilidades y tendencias para elegir. Lo importante es saber cómo interpretar lo que dictan los medios de comunicación para mantener una personalidad propia. No debes convertirte en una «víctima» de la moda, que sigue las tendencias del momento sin conservar tu estilo personal.

Siempre debes tener muy en cuenta qué te favorece a ti como mujer. Busca los colores, los tejidos y las formas que mejor te sienten sin olvidar la época del año en la que estás. Tu forma de vestir tiene que adecuarse a la situación, y no al revés.

## 2.1. PARA IR A UNA ENTREVISTA DE TRABAJO

Ir bien vestida a una entrevista de trabajo es una de las mayores preocupaciones de muchas personas. Recuerda que el primer examen lo pasa tu imagen personal. Después se valoran tus conocimientos académicos o profesionales y tu nivel de competencia para el puesto vacante. Así que, lo que te pongas ese día condiciona y mucho el resultado.

Cada trabajo requiere un estilo de vestimenta y conviene analizar no solo el estilo de la empresa, sino también la forma de vestir de las personas que trabajan en ella. De esta forma puedes adaptar tu indumentaria para la entrevista según la filosofía de cada compañía.

Aunque no hay un código escrito sobre cómo vestirse para ir a una entrevista de trabajo, siempre debes hacer gala de tu elegancia y discreción. No olvides que, si no estás cómoda, tampoco te verán natural.

[ colores corporativos ] Algunos psicólogos especialistas en el terreno laboral afirman que llevar alguna prenda con los colores corporativos o los del logo ayuda al entrevistado. Aunque recuerda que, por ejemplo, el color marrón transmite falta de autoridad, y no te lo recomiendo para ir a una entrevista en la que buscan cubrir un puesto de directivo. Por el contrario, el azul marino y el gris inspiran estabilidad y control y son los más adecuados para una entrevista de un puesto de mando.

## 2.2. PARA IR AL TRABAJO

Algunos trabajos requieren llevar traje de chaqueta, o bien un uniforme específico por motivos de seguridad laboral y protección. Otros, aunque no lleven implícito el uso obligatorio de vestimenta formal, piden un atuendo determinado; por ejemplo, un comercial con traje de chaqueta aporta seguridad y refleja profesionalidad frente a los clientes. También hay muchos otros entornos laborales en los que existe total libertad respecto a la indumentaria para asistir al trabajo.

[ la crisis también afecta ]

Muchas empresas realizan seminarios en los que enseñan a sus empleados trucos para actualizar su imagen y, así, poder promocionarse en la propia compañía.

## 2.3. PARA ASISTIR A UN EVENTO SEMIFORMAL

Se consideran ocasiones semiformales la apertura de una exposición en una galería de arte, la presentación de un libro, un bautizo, una comunión, un cóctel de celebración o despedida, y una cena de pedida de mano, entre otras.

En la actualidad está de moda asistir a los cócteles, un tipo de reunión social. Se suelen celebrar a media tarde (de 19 a 22 horas) en salones de hoteles, centros culturales o casas particulares. Los motivos son variados, como la presentación de un libro, la inauguración de una exposición, una tertulia, etc. Al ser mujer, tienes muchas más opciones para vestirte. A ver qué te parecen estas:

> Con traje cóctel. Vestido largo hasta debajo de la rodilla y confeccionado en tejidos nobles (crepé, satén, gasa o algodón), que puede ser liso, estampado o con incrustaciones de pedrería. El color lo eliges tú en función de lo que más te favorece: negro (el color del traje cóctel por excelencia), rojo, rosa, verde, etc. Procura que sea elegante, se adapte bien a tu figura y tenga un escote y la espalda con formas sencillas. Llévalo preferiblemente con zapatos de tacón alto o medio. Busca un bolso que combine, pero no hace falta que sea del mismo color que los zapatos, aunque sí tiene que ser pequeño. Ponte joyas o bisutería pero siempre con discreción.

> Si tienes que ir nada más salir del trabajo, lleva ese día un traje de dos piezas: una falda o un pantalón, preferiblemente en colores sobrios, con una chaqueta de vestir, también de colores sobrios y tejido mate. Los brillos no son oportunos para ir al trabajo durante el día. Ponte una camiseta, blusa o top estiloso, un bonito collar y unos zapatos de tacón alto o medio. Con solo añadir un complemento especial cambiarás tu aspecto radicalmente. De esta forma no darás la nota en ninguno de los dos sitios.

[ cambio de estilo ] Los pantalones vaqueros pueden ser adecuados para ocasiones semiformales. Si los combinamos con complementos y accesorios elegantes y sofisticados.

## 2.4. Para asistir a un acto formal

Son actos formales las siguientes ocasiones: bodas muy formales, galas, recepciones oficiales, comidas o cenas de homenaje. El atuendo dependerá del evento, la hora de la celebración, el lugar y la época del año en la que se desarrolla.

Por lo general, en la invitación a estos eventos se informa a los invitados de la indumentaria requerida y se especifica, en su caso, la etiqueta. Si no hay referencias explícitas, tienes que respetar las reglas básicas. Utiliza tu sentido común y marca tu estilo individual sin perder la elegancia y el respeto, especialmente hacia quien lo organiza.

Te aconsejo, por ejemplo, un vestido de lana ligera, seda, terciopelo o algún otro tejido noble; o un conjunto de pantalón o falda formal con una camisa o top sencillo, o con un toque discreto de fantasía, con una chaqueta tipo bolero y un chal o un pañuelo vistoso.

El largo del traje dependerá de la hora del día, la ocasión concreta, las tendencias de la moda y de lo que mejor te quede. Si es hasta la rodilla, conviene que sea inmediatamente por debajo; si no, largo hasta el tobillo. Busca complementos sencillos y elegantes, y evita las joyas y los adornos o abalorios recargados. Elige un bolso pequeño y con asas no excesivamente largas, es el más adecuado. Lleva zapatos preferiblemente de tacón alto, aunque puedes optar por un tacón medio, si te gustan más. El modelo puede ser tipo sandalia o cerrado. Ponte zapato abierto solo si optas por falda larga.

Si se celebra durante el día, lleva un vestido o un traje de chaqueta elegante, zapato de tacón alto o medio, un bolso pequeño, y un sombrero o pamela. Si el sombrero tiene ala, recógete el pelo, ¡te quedará fenomenal!

## 2.5. EN TUS MOMENTOS DE OCIO

Las cenas informales con amigos o la familia no requieren el rigor y la elegancia de una cena formal. Son cenas espontáneas y ligeras, como debería ser también tu atuendo. Ponte ropa de múltiples estilos y formas, siempre con el corte que más te favorece. Solo tienes que fijarte bien en que los tejidos de las prendas se adecuen a la época del año en la que los llevas.

Si quieres darle un toque informal a tu vestuario, ponte unos tejanos con una parte de arriba más elegante, una camisa de seda o gasa, o un conjunto de pantalón con chaqueta y un top. Utiliza el bolso que se te antoje y te conjunte, tienes total libertad en cuanto al tamaño. Busca unos zapatos o sandalias que combinen con el resto del vestuario, pero ya no es necesario que sean de tacón. También estarás ideal si combinas un atuendo informal con complementos y accesorios más elegantes. Ya verás qué bien te ves y te ven.

### 2.6. Un acto que requiere etiqueta

La etiqueta define un tipo de indumentaria masculina y femenina para acontecimientos sociales como parte del ceremonial. Nunca se sabe cuándo tendrás que asistir a un acto de etiqueta, así que conviene que conozcas cómo tienes que vestirte para asistir a un acto protocolario que la requiere. Lo primero es conocer las normas que la rigen y unas pautas para usarla en los diferentes actos. Recuerda que la descripción de la etiqueta se suele indicar en la invitación.

Como eventos que pueden requerir etiqueta destacan las bodas reales, cenas y bailes de gala, presentaciones en sociedad, recepciones oficiales, galas militares con invitados civiles, cenas en clubes o casinos, actos públicos solemnes y de vida privada, etc.

La categoría y la naturaleza de este tipo de actos vienen determinadas por la elegancia que requiere la etiqueta.

Ya hemos visto que las mujeres tenemos más posibilidades que los hombres. El vestido puede ser sencillo y discreto o extravagante, siempre y cuando no resulte estrafalario. Puedes optar también por un dos piezas compuesto por camisa o top sin mangas y falda larga, respetando el largo hasta los pies. La falda o el vestido han de ser largos, elegantes y confeccionados con tejidos nobles. Se admiten múltiples opciones respecto a los escotes, tipos de tirantes, espaldas escotadas, bordados, lentejuelas, etc. El color lo eliges tú, siempre y cuando sea estéticamente adecuado. El negro es, como siempre, una apuesta segura con la ventaja de que se puede combinar con blanco o *beige* discretamente o con rojo si eres atrevida. Puedes elegir otras combinaciones más personales como fucsia y rojo, azul y verde, etc. Pero recuerda que el resultado siempre tiene que ser armónico.

Aprovecha la ocasión y saca las joyas más sofisticadas que tengas, las que no sueles usar en el día a día: diamantes, zafiros, etc. Pero ese día no te pongas el reloj de pulsera.

Elige un echarpe del mismo tejido para combinar con tu traje. Una opción igualmente válida es una torera con un tejido adecuado.

Busca un bolso pequeño de tela, metal, carey o pedrería, nunca de piel.

Los zapatos no tienen por qué tener el mismo color que el bolso o el traje. Pero deben ser, preferiblemente, de tacón. Con vestido largo, ponte zapato abierto o sandalia.

## 2.7. El día de tu boda

Hay muchos tipos de bodas: religiosas, civiles, reales, segundas bodas, etc. Además, sus rituales también son diferentes según la cultura, el país, e incluso la región donde se celebren. La elección del vestido para el día de tu boda está en función del acto y de lo que tú quieras llevar. Solo tienes que buscar el color y el diseño que mejor te sientan para estar radiante.

Lo más tradicional es el vestido blanco. El clásico es el blanco marfil, largo, de tejidos nobles y con diferentes formas y acabados, con encajes o pedrerías. Los más elegantes suelen ser los más sencillos. Hay muchas mujeres que optan por llevar ese día un vestido de fiesta o un traje de chaqueta. Todo depende de lo que busques.

Si optas por llevar velo, este puede ser de encaje, tul u organza. Los hay clásicos y sencillos o más sofisticados. Sea como sea, siempre debe entonar con la línea del vestido. Por lo general, se coloca en el centro de la cabeza de la novia, sujeto o fruncido en la parte alta, o enganchado en la parte baja del recogido o peinado con una peineta o un pasador.

Además, tienes a tu alcance una amplia gama de accesorios y adornos para el cabello: tocados, tiaras, peinetas, diademas, joyas y bisutería. Procura no recargar demasiado tu cabeza.

Los zapatos deben ser divinos, pero lo más importante es que sean muy cómodos. Seguro que no quieres arruinar ese día bajo ningún concepto.

## 2.8. PARA ASISTIR A UNA BODA COMO INVITADA

Elige tu ropa y los accesorios teniendo en cuenta a qué hora del día se celebra el acto y qué prendas son las que mejor se adaptan a tu figura.

### Una boda a mediodía

> **Traje:** preferiblemente un vestido con un largo al menos por debajo de la rodilla, mejor en tonos claros y sin tejidos brillantes. Otra opción muy de última tendencia es ir de corto, por encima de la rodilla. En este caso valora antes si este largo es el que más te favorece y si crees que se ajusta al tipo de boda a la que asistes.

> **Complementos:** bolso de mano, guantes, y tocado o pamela, aunque este último complemento solo puedes lucirlo si eliges un traje corto.

> **Zapatos:** cerrados de tacón medio o alto, *mules* o sandalias. Si llevas un vestido largo, elígelos abiertos.

### Una boda por la tarde o por la noche

> **Traje:** preferiblemente un vestido largo o al menos por debajo de la rodilla. Los tejidos para este tipo de vestidos no tienen límite: rasos, tafetanes, organza, pedrería, terciopelo… Puedes combinarlos con una torera, un chal o una estola para cubrir tus hombros durante la ceremonia o al salir del restaurante.

> **Complementos:** bolso de mano en materiales ricos como lentejuelas, carey o telas bordadas. Igual que en las bodas a mediodía, puedes ponerte un tocado, pero no lleves una pamela.

> **Zapatos:** si el vestido es corto pueden ser cerrados; si es largo, mejor abiertos.

### 2.9. Si estás embarazada

No renuncies a estar guapa y sexy. Tienes que vivir esa etapa tan especial de tu vida sin dejar de disfrutar de la moda. Tu cuerpo cambia constantemente y mucho, no solo al final de la gestación, sino desde el primer mes. Perderás cintura, tu barriga crecerá y aumentarás una o dos tallas el pecho. A todos estos cambios, tienes que añadirle una retención generalizada de líquidos y un aumento de peso. Ya no puedes vestirte como lo hacías hasta ahora. Pero no te desesperes, la maternidad es preciosa.

Con unos trucos e ideas estilísticas pasarás los nueves meses muy guapa y radiante. Te recomiendo que pongas en práctica la regla de «menos es más».

**1.** Vístete sin renunciar a tu estilo personal. Créeme, puedes hacerlo.

**2.** Busca el equilibrio entre tus prendas superiores e inferiores, tanto en tejido como en colores. Si eliges el mismo color en la parte superior e inferior, te verás más estilizada.

**3.** Evita las prendas muy ajustadas, no son seguras para tu bebe. Si lo que quieres es lucir orgullosa tu barriguita, usa prendas con *lycra* que no opriman tu cuerpo.

**4.** Ponte ropa especial para embarazadas. Hay medias específicas con la zona de la barriga más ancha para que no te aprieten innecesariamente. También puedes encontrar pantalones y faldas para embarazadas con una goma flexible en la cintura que se amolda progresivamente al crecimiento de tu abdomen. Ten en cuenta que tu barriga no tiene por qué crecer en la misma proporción que tus glúteos y tus piernas.

5. Busca vestidos y blusas sueltas. No tienen por qué ser de embarazada. Si las eliges con corte imperio, son muy cómodas y favorecedoras. Te valdrán si tienen una o dos tallas más de la que usabas antes del embarazo.

6. Viste prendas con líneas verticales, manga sastre, francesa, ranglan o quimono; prendas con escotes en pico o en «V»; cuellos drapeados; blusones; y chaquetas con cuello solapa, botonaduras simples y cortes sencillos y limpios.

7 Huye de las prendas muy estampadas y los colores muy estridentes. Te verás menos recargada y más elegante si buscas colores neutros, oscuros y aquellos que más te favorezcan. Si optas por los estampados, elige los de líneas verticales.

8. Evita los tejidos muy rígidos, especialmente en la parte superior. Opta por tejidos naturales y finos, en la medida de lo posible, pues otro de los cambios que seguro notas es que tendrás más calor de lo habitual.

9. Usa calzado muy cómodo y guarda para otra temporada las botas ajustadas y los zapatos de tacón muy alto.

10. Aprovecha los accesorios para darle protagonismo a tu barriguita, o bien para alegrar los estilismos básicos y neutros. Los pañuelos y las bufandas sueltas aportarán un toque de color y gracia. Además, su caída vertical alargará tu silueta.

11. Usa ropa interior de algodón, muy cómoda y de acabados suaves. Hay sujetadores específicos para el embarazo, con copa sin costuras, reforzada y progresiva, y tirantes y espalda anatómicos.

12. Ponte *leggins* con camisas sueltas y juega con la superposición de prendas. Los chalecos te sentarán fenomenal porque estilizan y estructuran tu figura redondeada.

13. Prescinde de bolsos muy grandes, te aportarían más volumen.

[ crecer contigo ] Algunas casas de moda ponen unas bandas elásticas a tus vaqueros preferidos para que la cintura se expanda si estás embarazada. Después de tener a tu bebé, la compañía quita esas bandas y deja tus pantalones como los usabas antes del embarazo. El proceso cuesta unos 50 euros y el arreglo está listo en semanas.

# Recuerda

**1.** La tendencia actual de la moda apuesta por la mezcla de estilos, colores y estampados pero, por muy individualista y permisiva que sea, no te olvides de que existen, especialmente en determinados sectores, algunas normas de protocolo. Para no dar la nota tienes que conocerlas y poder adaptar tu vestimenta en cada momento.

**2.** Las características de tu indumentaria y los accesorios dependerán de tus hábitos de vida, actividad laboral y vida social.

**3.** Para elegir qué vas a ponerte en un momento dado tienes que tener en cuenta los colores que mejor te sientan, sin olvidar la etiqueta. Y recuerda que la discreción es una característica esencial del buen gusto.

**4.** Cuando tengas que asistir a un evento específico fíjate en qué telas y tejidos son los más adecuados para cada estación y ocasión.

**5.** A la hora de vestirse lo importante es saber cómo interpretar lo que dictan los medios de comunicación para mantener una personalidad propia.

**6.** Trata de ser fiel a ti misma, utiliza el sentido común y el respeto a los demás y práctica la regla de «menos es más».

# COMPRAR CON BUEN TINO

> La posibilidad de crear un estilo personal no está reñida con un presupuesto reducido. La moda se ha democratizado. Actualmente existen muchas cadenas de moda asequibles, que te permitirán vestir siendo fiel a tu estilo e ir a la última. Se encargan de captar las tendencias más actuales expuestas en las pasarelas más reconocidas para servirlas en sus centros periódicamente. Son las marcas que han logrado globalizar la moda para que esté al alcance de casi todo el mundo.

Si sales de compras ten muy claro qué quieres adquirir y cuánto dinero estás dispuesta a gastarte si no quieres que tu armario se llene de prendas inservibles y, lo peor, hayas invertido una fortuna para nada.

Deberás valorar si es mejor acudir a una cadena de moda, un *outlet*, o comprar desde casa por Internet. Es muy importante que planifiques el día y pienses dónde quieres ir para no estar dando tumbos de una tienda a otra. Ya en el establecimiento, dos cuestiones clave: pasa por el probador antes de pagar y fíjate muy bien en la etiqueta para ver qué tipo de tejido te llevas y cómo conservarlo impecable.

# 1) SALIR DE COMPRAS

*«Se puede ser elegante sin tener dinero. Pero es necesario tener espíritu».*

*Yves Saint Laurent*

### 1.1. PLANIFICA Y SÉ PREVISORA

Recuerda que para ir de compras tienes que tomarte tu tiempo. Las prisas nunca son buenas.

Ponte ropa muy cómoda para que el desvestirte y vestirte no te haga perder el tiempo en el probador. No te olvides de llevar ropa interior adecuada y, si es necesario, guarda en el bolso un segundo conjunto. También te recomiendo que el calzado sea cómodo, no solo para caminar, sino también para descalzarte y volverte a calzar con facilidad. Si tienes pensado comprarte un vestido o un pantalón, conviene que lleves el zapato con el que los combinarás. Ten en cuenta que a menudo los llevarás con tacón. Y tampoco te olvides de las medias.

Si buscas algo para lucir junto a otra prenda que ya tienes, llévatela para comprobar que los colores y los tejidos combinan a la perfección.

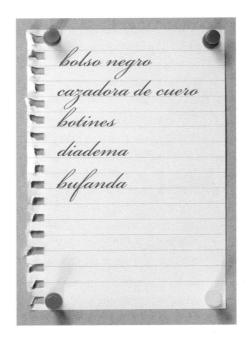

Antes de salir de compras, piensa en algunas de estas cuestiones:

1. Estudia lo que tienes en tu armario y reflexiona sobre lo que realmente necesitas.

2. Elabora un listado con las prendas y/o complementos que deseas comprar.

3. Organiza una ruta de tiendas acorde a tu estilo y presupuesto.

4. Si no lo tienes muy claro y necesitas ayuda de algún profesional, averigua qué tiendas ofrecen un servicio de estilismo o busca a una dependienta que te ofrezca un trato personalizado. Muchas tiendas ya tienen este tipo de servicios totalmente gratuitos.

5. Decide cuánto dinero te puedes gastar.

## 1.2. ¿Dónde irás?

### Grandes cadenas de moda

Las grandes cadenas de ropa fueron toda una revolución en el mundo de la moda. También lo habían sido el *pret-a-porter* o *ready to wear* en los años sesenta: la moda más internacional pasó a estar al alcance del bolsillo medio, desde las prendas más básicas a las últimas tendencias musicales, callejeras y, en ocasiones, las imitaciones de un lujo inalcanzable para la mayoría de la población.

Te recomiendo comprar en este tipo de tiendas siempre que no lo hagas de manera compulsiva: compra solo lo que necesites. Los precios no son excesivos, pero por muy barata que sea la ropa, si no te la pones, te habrá salido cara. En este tipo de establecimientos compra prendas básicas neutras con un punto de moda: unos vaqueros, camisetas lisas en varios colores, pañuelos, bolsos, una americana para el trabajo, vestidos funcionales y versátiles que puedas combinar con otros complementos y los adaptes a tu estilo. También puedes adquirir alguna prenda de última tendencia que te guste y te siente bien, como unos tejanos pitillo; aunque se pasen de moda, no te habrás gastado una fortuna para tenerlos en tu armario.

Sé fiel a tu estilo e intenta combinar tus prendas con gracia natural y sentido artístico. La democratización de la moda es una gran ventaja, pero también puede hacer de la moda algo aburrido si al final todo el mundo compra las mismas prendas o muy parecidas. No debes caer en el mimetismo, tienes que intentar ser diferente y manifestar tu propio estilo. La clave es aportar un toque especial a las prendas básicas que lleva casi todo el mundo para que en ti luzcan con un acabado diferente. Combínalas con otras prendas más originales de tu armario, y juega con los accesorios que definan más tu personalidad. Solo así conseguirás ser tú misma, distinta de los demás.

[ **esclavos de la moda** ] Si te gustan las prendas o los complementos de tendencia, cómprate alguno pero solo si encaja con tu estilo. Evita caer en extravagancias y no te enganches a modas que no te van.

### Outlet

Los *outlets* son las tiendas y los almacenes que poseen tanto las cadenas de moda rápida como algunas firmas de lujo: allí comercializan las prendas que no se han vendido la temporada anterior a un precio más económico. Todos ganan: las empresas dan salida a sus remanentes y tú, como consumidora, adquieres prendas y complementos más baratos. Un buen consejo es que compres prendas y complementos que te den después mucho juego con los básicos de tu armario. Busca alguna prenda de buena calidad, básica o más especial, que realmente esté a buen precio.

Una prenda será rentable si es:

> **Versátil.** Te la puedes poner para hacer planes diferentes: desde ir a trabajar hasta para salir de ocio.

> **Básica.** La combinas fácilmente con el resto de tu ropa y complementos.

> **Intemporal.** No se queda obsoleta con el paso de los años ni con el cambio de estaciones.

> **Favorecedora.** Se adapta a tu estilo y a tu cuerpo.

> **Eterna.** Su forma y el tejido son de buena calidad.

### Compras *on-line*

Las compras en la red son algo habitual para muchos de nosotros. Por eso, las grandes, medianas y pequeñas empresas textiles han puesto sus productos a la venta en Internet. No solo es cómodo porque ahorras tiempo, sino porque te permite curiosear los productos y los precios de varias casas comerciales sin moverte. Para que sea seguro debes comprar solo en páginas de confianza y de prestigio. No te olvides de comprobar que te permiten realizar cambios con facilidad, por si no te van las prendas, y de fijarte en el coste de los gastos de envío. Así no te llevarás ninguna sorpresa desagradable.

**[ subastas de ropa ]** Existen páginas *web* especializadas en subastar ropa. Basan la venta organizada de prendas y complementos en la competencia directa y al instante: la prenda se adjudica al postor que ofrece más dinero. Si realmente encuentras lo que quieres, puede ser una buena opción para adquirir un imposible.

**[ firmas a buen precio ]** Las segundas líneas de las firmas de lujo son una buena opción para adquirir prendas o complementos de estas marcas, tan especiales como prohibitivas. Búscalas en tiendas multimarca o por Internet.

### 1.3. Qué hacer en la tienda

**1.** Después de haber echado un vistazo a todo, busca un empleado que te haga sentir cómoda. Elige a una persona agradable y competente que te oriente en caso de que tengas dudas y te facilite las tallas de las prendas que quieras probarte. Una buena dependienta conocerá cuál es tu talla sin tener que preguntártela, sabrá si la prenda te sienta bien y cuáles son los colores que más te favorecen.

**2.** No te compres nada si realmente no lo necesitas. Aunque suene a ganga, asegúrate de que es una prenda que te vas a poner frecuentemente, y de que es fácil de combinar con las que ya tienes en tu armario.

**3.** Pasa por el probador antes de pagar. Si te hacen falta, pide en la tienda unas medias o unos zapatos adecuados. Muévete, siéntate y fíjate en que las costuras no se abren ni quedan tirantes. No te equivoques con la talla.

**4.** Si la prenda te gusta mucho, pero no acaba de sentarte del todo bien, pregunta si hacen arreglos. Deja que la modista te aconseje: a veces solo hace falta que suban el dobladillo o estrechen los hombros de una chaqueta. Después te quedará como hecha a la medida. No te olvides de preguntar si hacen ellos mismos los arreglos y el coste que supone. Arreglar ropa puede resultar caro, pero si la prenda lo requiere, te merece la pena.

**5.** Antes de comprar, comprueba la etiqueta de conservación y lavado. Si para limpiarla tienes que llevarla al tinte, quizás no te interese.

**6.** Consulta la posibilidad de cambiar o devolver las prendas y el plazo que tienes para hacerlo. Hay veces que la ropa que te has comprado no te acaba de gustar cuando te la pruebas en casa.

**7.** No compres todo lo que necesitas en un solo día. Así podrás reflexionar y valorar lo que ya tienes.

# 2) CONSEJOS PARA IR DE REBAJAS

A muchas mujeres les gusta ir de rebajas porque creen que van a encontrar verdaderas gangas. La mayoría de las veces se entusiasman tanto que pierden la perspectiva real de las cosas y el sentido común: no tienen en cuenta si les sirve la talla, algo básico para comprar una prenda; si realmente lo necesitan; si es de su estilo, o si les sienta bien.

Otros errores frecuentes que puedes cometer si compras sin pensar en época de rebajas son:

1. Adquirir ropa que no te sienta bien y creer que puedes arreglarla. La mayoría de las prendas están confeccionadas con la cantidad mínima de tela necesaria para ahorrar, así que no podrás modificar sus costuras; o están confeccionadas en tejidos, como la seda o el satén, que no se pueden alterar porque podrían quedar las marcas de las puntadas originales.

2. Convencerte de que, si te compras una prenda una o dos tallas más pequeñas, podrás perder un par de kilos para que te quepa. Por muy barata que sea, será cara si al final no la puedes usar.

3. Comprar prendas con alguna tara y pensar que se puede arreglar o eliminar sin que se note. Por lo general, la mancha o el defecto no se puede disimular.

Si realmente quieres algo y lo encuentras en rebajas a mitad de precio, entonces sí habrá merecido la pena tu esfuerzo.

# Recuerda

1. Evita salir a comprar de manera compulsiva. Reflexiona y tómate tu tiempo para saber qué necesitas.

2. Invierte, siempre que puedas y en función de tu presupuesto, en alguna prenda de calidad.

3. Cómprate alguna prenda de temporada, siempre y cuando no inviertas mucho dinero y se ajuste a tu tipología corporal y a tu propio estilo.

4. Busca tejidos intemporales (lana fría, algodón, punto, etc.); sé fiel a tu estilo y huye de las estridencias, los dictámenes de la moda y esos cortes y colores que no te favorecen.

5. Pruébate la ropa con calma. Muévete, agáchate, siéntate y comprueba que te resulta cómoda y que su textura es adecuada.

6. No te olvides de mirar la etiqueta para saber cómo mantener la prenda en perfecto estado y fíjate en que no tenga taras.

7. Utiliza las rebajas para comprar prendas básicas e intemporales, pero no te dejes engañar por los descuentos.

8. No compres nada que no puedas cambiar: por muy barato que sea, si no te gusta realmente, te saldrá caro.